Durchgedreht

Über das Buch:

Mettigel, Frikadellen & Co, oft totgesagt, diskreditiert und als minderwertig abgestempelt, erleben eine Renaissance. Sei es in roher Form, als Carne Cruda, als Edel-Frikadelle vom Sterne-Koch oder als schlichter Klops in Kapernsauce. Neben vielen leckeren Rezepten aus Hackfleisch und farcierten Bratenresten, enthält das Buch einiges Wissenswertes über die durchgedrehten Köstlichkeiten. Mythen und Fakten, aber auch Mutmaßungen über das Hackfleisch und die bekannten und vergessenen Zubereitungen aus dem mehr oder minder edlem Brät ergänzen die Rezepte.

- Hat das «Tatar» das Licht der Welt unter den Sätteln der Tataren erblickt oder war Auguste Escoffier der Erfinder des «Steak Tatar»?
- Mit Rinderhack zur «portable-soup» und zum «Beef-Tea»
- Geheimnisse rund um die Frikadelle und viele klassische Garnituren zur Abwandlung der Schmankerl
- Wie die Sterneköche ihre Buletten zubereiten
- Der falsche Hase in anderem Licht
- Eine Brisolette aus Schinkenmett, Huhn und Shrimps
- Die Entstehung der Kohlroulade
- Das arabische Reiterfleisch von Clemens Wilmenrod ausgegraben
- Kugelrunde Leckereien: Königberger und Mailänder Klopse, «Boule de feu», eine feurige Alternative zu gewöhnlichen Klopsen
- Gefüllte Klöße, womit wohl?
- Haschee, Bitterballen, Köttbullar und Parisersmörgås, Hamburger und Döner
- Längst vergessene Rezepte: Farcierte Froschschenkel, Hascheemandeln und gefüllte Schweinsfüße mit Trüffeln, Was ist eigentlich eine Krokette?
- Schnelle Saucen zu Hacksteak, Buletten und Klopsen

Durchgedreht........, weit mehr als ein Kochbuch!

Bernhard Motzek

Durchgedreht

Von Omas Soßenklopsen,
Hascheeknödeln und Boule de feu

Bibliografische Information der Deutschen Nationalbibliothek:
Die Deutsche Nationalbibliothek verzeichnet diese Publikation in der Deutschen Nationalbibliografie; detaillierte bibliografische Daten sind im Internet über http://dnb.dnb.de abrufbar.

Illustration: **Bernhard Motzek**

Herstellung und Verlag: BoD – Books on Demand, Norderstedt

ISBN: 9783744885270

Inhaltsverzeichnis

"Ihr seid doch alle, alle,
alle durchgedreht! (Kurt Tucholski, To tal Manoli)

Hacki und seine Freunde

Hackfleisch lässt sich in einer Vielzahl von Variationen präsentieren. Über den Ursprung und die Herkunft der variantenreichen Hackmassen wurde schon in vielen Büchern spekuliert. Das bekannteste «Ammenmärchen» schreibt die Erfindung einem reitenden Nomadenvolk, den Tataren zu, die Ihr Fleisch unter dem Sattel der Pferde weich und mürbe geritten haben sollen. In Wirklichkeit hatten die Tataren noch nicht einmal einen Sattel unter ihrem Hintern.

Bei den Tataren wären wir aber auch schon im osmanischen Reich, im Reich der gefüllten Weinblätter, der Köfte und des «Aldana Spießes».
Es ist nicht unwahrscheinlich, dass das Schabefleisch aus Asien oder Vorderasien seinen Siegeszug rund um den Planeten angetreten hat.
Ein Hackfleischgericht wird bereits auch im Buch der Riten erwähnt, das Konfuzius zugeschrieben wird und

höfische Riten um 500 v. Chr. beschreibt.
«San», der Hackbraten findet sich unter den Rezepten der 8 köstlichen Gerichte:
«Man nimmt gleich viel Rind-, Hammel- und Schweinefleisch, schneidet es ganz fein, gibt die doppelte Menge Reis dazu, mischt es gut durch, macht daraus Frikandellen und brät sie»[1]
Das chinesische Rezept von «Vier Joy Fleischbällchen» ist aus der «Lu Küche» abgeleitet, Die Lu-Küche oder auch Shandong-Küche genannt, ist aus verschiedenen einheimischen Zubereitungsarten in der ostchinesischen Provinz Shandong entstanden. Ihre Geschichte kann bis zur Zeit der Qing-Dynastie (221 bis 207 v. Chr.) zurückverfolgt werden.[2]
Frühe Rezepte sind auch in einigen der ältesten bekannten arabischen Kochbüchern enthalten. In der Regel handelt es sich um gehacktes, oft mit Safran gewürztes, in Kugeln gerolltes

Lamm, welches mit Eigelb glasiert wurde.[3]

Es gibt viele regionale Variationen der Bällchen. Eine ungewöhnlich große Variante ist der Iranische Tebriz Kuftesi», mit einem durchschnittlichen Durchmesser von 20 cm. So groß sind noch nicht einmal meine «great balls of fire», wäre auch unpraktisch, wegen der längeren Garzeit.

Auch in dem alten römischen Kochbuch von Apicius, «De re coquerina», sind einige Frikadellen- Rezepte enthalten. Man findet dort Rezepte für Meerestierfrikadellen, Tintenfischfrikadellen, Wurst vom faschierten und Frikadellen im Fettnetz oder einen Vorläufer des Saumagens, «Ventricula», gefüllter Magen.[4]

Stark beeinflusst vom osmanischen Reich wurde auch der Balkan, wo Bifteki, Cevapcici, Suzuki, Moussaka & Co. allgegenwärtig sind.

Die Osmanen mussten noch nicht einmal in Skandinavien einfallen, um dort den Köttbullar zu etablieren. König Karl XII. soll das Rezept für die edlen Teile Anfang des 18. Jahrhunderts aus seinem Exil in der Türkei mitgebracht haben.[5]

Womöglich gelangte das Grundrezept von Schweden aus auch nach Königsberg, wo es noch ein wenig abgewandelt wurde und zu Königsberger Klopsen mutierte. Die Tatsache, dass noch heute eine Variante mit fein gewürfeltem Salzhering existiert, legt die Vermutung nahe. Eigentlich fehlen nur die Preiselbeeren und der Dill im Rezept, um die Beweiskette zu schließen.

Die heute übliche Zugabe von gehackten Sardellenfilets im Fleischbrät ist bestimmt nur eine moderne und elegante Variante, das Fischaroma in die Klopse zu übertragen.

Die Küche vor 1900 Krug kannte natürlich noch keinen Fleischwolf, der erst im 19 Jahrhundert erfunden werden sollte.

Karl Friedrich Christian Ludwig Freiherr Drais von Sauerbronn, auch bekannt als Karl Drais, der Entwickler des Laufrades und der Schreibmaschine, hatte die geniale Idee.[6]

Der Erfinder der Draisine war aber kein guter Geschäftsmann und konnte mit keiner seiner Erfindungen gutes Geld verdienen. So tauchten die ersten brauchbaren Fleischwölfe, damals noch Fleischhackmaschinen genannt, erst um 1900 auf.

Eine Abbildung in Meyers Konversationslexikon von 1905 zeigt wie die Teile, die «Quetschkommoden», ausgesehen haben.

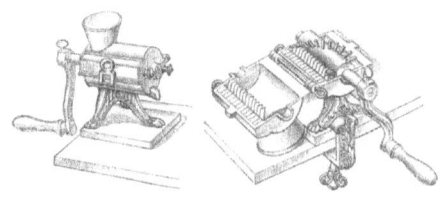

Abb. Fleischmahlmühle[7]

Die Maschinen sahen zwar wie Fleischwölfe aus, das Arbeitsprinzip war jedoch noch anders, eine Kombination aus feststehenden Messern und drehenden Stiften sollte das Fleisch zerkleinern und wurden wie folgt beschrieben:.

«Sie bestehen .... aus einem horizontalen, zylindrischen, mit Füßen versehenen Gehäuse, dessen obere Hälfte mittels Scharnieren aufgeklappt werden kann, beim Gebrauch aber niedergelassen und mit dem unteren Teil verbunden wird. Konzentrisch in dem Hohlzylinder liegt eine Walze, an deren Umfang viereckige radiale Stifte in steilen Schraubenwindungen hervorragen; an dem Gehäuse dagegen sitzen in einer oder zwei horizontalen Reihen Messer in solchen Abständen voneinander, dass sie die Stifte der Walze bei deren Umdrehung gerade zwischen sich hindurch lassen».[4]

Die ersten «Meatgrinder» mit heutigem Prinzip (Einzugsschnecke, Messer, Lochscheibe) stammten wahrscheinlich aus USA. Dort erspähte sie auch «Alexander von der Nahmer», der Gründer des Alexanderwerks, der 1885 den Fleischwolf in den USA entdeckte und diesen in Lizenz in seinem Werk in Remscheid produzierte.[8]

Abb.:Fleischwolf zerlegt,«Wikimedia Commons» [9]

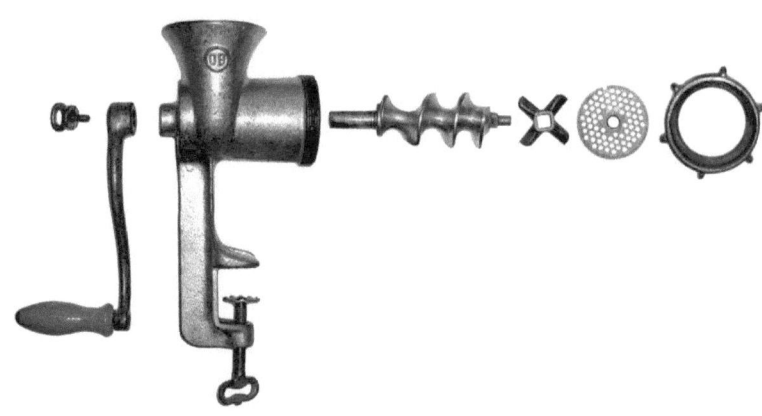

Bis zur Verfügbarkeit von geeigneten Maschinen wie Fleischwolf, Kutter oder Fleischhackmaschinen hieß es schaben, klopfen und faschieren, hacken und wiegen, mit Wiege- oder Hackmessern. Die Osmanen benutzten hierfür möglicherweise ihre überdimensionierten, krummen Säbel, mit denen sie sonst ihre Widersacher niedermachten. Das Wiegemesser der Profis, Metzger und Köche fiel, aufgrund der zu verarbeitenden Mengen, etwas größer aus.

Die Werkzeuge waren so groß, dass sie von 2 Personen bedient werden mussten. Nach 2 kg Schweinemett, war man wahrscheinlich schon schweißgebadet und das Mett pikant mit einigen salzigen Schweißtropfen gewürzt.

Abb.: Wiegemesser mit Hackklotz [10]

Wie einfach ist es dagegen heutzutage an eine Portion Hackfleisch zu kommen. Entweder frisch durchgedreht vom Fleischer seines Vertrauens oder selbst zerkleinert. Für etwas mehr als einhundert Euro gibt es bereits Küchenmaschinen mit einem Fleischwolfaufsatz. Für viel weniger schon leistungsschwache Wölfe, im Angebot beim Discounter. Auf vorverpackte, unter modifizierter Atmosphäre gelagerte Ware aus der Kühltheke, sollte man nach Möglichkeit verzichten und wenn, dann auch nur ganz frisch verarbeiten.

Zitat von der Webseite der Ernährungsberatung Rheinland-Pfalz:

"Grundsätzlich ist ein unter Schutzatmosphäre verpacktes Lebensmittel gesundheitlich unbedenklich. Die angewendeten Gase (CO_2, O_2, N_2) kommen ganz natürlich in der Atmosphäre vor. Trotzdem sollten unter Schutzatmosphäre verpackte Lebensmittel nicht zu lange gelagert und deutlich vor dem Ablauf des Mindesthaltbarkeitsdatums verbraucht werden. Bestimmte Bakterien, wie Listerien, können sich auch unter diesen ungünstigen Bedingungen noch vermehren und im schlimmsten Fall eine Lebensmittelinfektion verursachen".[11]

Die Anschaffung eines eigenen Wolfes ist aus einigen Gründen die beste Alternative:

Vorteile des eigenen Wolfes:

Die Fleischteile, die zur Verarbeitung kommen und damit den Fett- und Bindegewebsanteil, kann man selbst bestimmen.

Fleischsorten, die nicht überall als Hackfleisch zu erhalten sind, wie Geflügel-, Kalb- und Lammfleisch, lassen sich aus geeigneten ganzen Teilen selbst herstellen.

Entsprechende Fleischteile kann man für einige Zeit in der Tiefkühltruhe lagern.

Auch andere Zutaten, wie Bratenreste, Speck, Zwiebeln, Champignons, sonstige Gemüse oder zum Beispiel Leber für Leberknödel lassen sich bequem parallel verarbeiten.

Last but not least, die Frische der zerkleinerten, gewolften Ware.

Die Grenzen zwischen feinem Ragout und Farce oder Hackmasse sind fließend und nicht genau definiert. Auch bei einem Fleischwolf gibt es unterschiedliche Lochscheiben, mit denen man die Größe und Stückigkeit der Hackmasse variieren kann. Wer es besonders zart mag oder nicht mehr so gut beißen kann (es gibt ja auch bei jungen Menschen durchaus Situationen, in denen man mit seinem Beißwerk eingeschränkt ist, z.B. nach einer größeren Zahnbehandlung), kann sein Fleisch auch zweimal durch den Wolf drehen.

Es gibt sogar gecutterte Variationen der Frikadellen, bei denen das Brät ähnlich wie für eine Brühwurst im Kutter sehr fein zerkleinert wird. Das Ergebnis ist durchaus als interessant, manchmal sogar als lecker zu bezeichnen.

Bei zartem, bindegewebsarmen Fleisch, wie Filet oder Hüfte, reicht es in der Regel aus, einfach nur feine Würfel zu schneiden. Ein gutes Rindertatar wird auch heute noch so zubereitet und das Fleisch nicht durch den Fleischwolf gejagt.

Die Qualität des faschierten Fleisches hängt vorrangig von der eingesetzten Rohware und Frische ab.

Es fängt an mit der Mischung der Farce: Kalb-, Rind-, Lamm- oder auch Geflügelfleisch, meist roh aber auch gegart, in den unterschiedlichsten Verhältnissen gemischt sind möglich. Meist wird zur Lockerung der Masse in Milch oder Wasser eingeweichtes Weißbrot, manchmal auch Reis oder eingeweichte Haferflocken verwendet und zur Bindung Ei zugesetzt. Auch ein zusätzlicher Schuss Sahne oder Brühe sind bei gut bindender Farce möglich.

Das Brät kann mit diversen Zutaten und Gewürzen und über die Formgebung, rund, oval, rechteckig, groß, oder klein variiert werden.

Hacksteak, deutsches Beefsteak, Steak Allemande, hausgemachte Frikadelle, Boulette, Brisolette, Fleischpflanzerl, Faschierte Laibchen, Fleischküchle, Crepinettes, Bifteki, Köfte, Huller, Hacktäschli und Klops sind wohl die geläufigsten Bezeichnungen.

Unter dem Namen Brisolette als Kalbshacksteak in Rahmsauce oder als Steak Tatar, aus 100 % magerem Rindfleisch, kurz von einer Seite angebraten, geben die Varianten besonders viel her.

Auch «faschiertes Laibchen» ist verkaufspsychologisch angeratener als «Frikadelle».

Bevor es mit den ersten Rezepten weitergeht, möchte ich noch kurz einige wichtige Hinweise zum Umgang mit Hackfleisch loswerden. Das Hygiene-Problem mit Hackfleisch entsteht zum einen durch die stark vergrößerte Oberfläche der Fleischmasse, zum anderen durch die Teilweise austretenden Fleischsäfte und die damit verbundene Erhöhung der Wasseraktivität. Damit haben die Mikroorganismen beste Voraussetzungen für eine Vermehrung und das Hackfleisch zu verderben. Besonders Bakterien der Arten Escherichia coli, Salmonellen und Listerien, deren Stoffwechselprodukte (u.a. Toxine), bei entsprechender Vermehrung für den Menschen gefährlich sein können, fühlen sich in rohem Hackfleisch besonders wohl.

Listerien sind besonders gemein, denn sie sind in den Lebensmitteln nicht zu erkennen, da sie weder den Geruch noch den Geschmack und das Aussehen beeinflussen. Besonders gefährdete Lebensmittel sind rohes Fleisch und daraus hergestellte Produkte (z.B. Hackfleisch) sowie schnell gereifte Rohwurstsorten (z.B. Zwiebelmettwurst).[12]

Frisches Hackfleisch sollte nach Möglichkeit am Tag des Einkaufes zubereitet werden! Rohes Hackfleisch auf keinen Fall einfrieren. Vollständig gegartes Hackfleisch dagegen lässt sich problemlos einfrieren.

Hackfleisch sollte bis zur Zubereitung unbedingt gekühlt gelagert werden, was besonders im Sommer, bzw. bei höheren Temperaturen zu beachten ist. Für die Zwischenlagerung, z.B. beim Grillen empfiehlt sich der Einsatz einer Kühltasche.

Durch den Eintrag von Gewürzen, wird bei der Brät-Herstellung noch einmal der Keimgehalt in der Hackfleischmasse erhöht. Das fertige Brät sollte deshalb zügig verarbeitet werden.

Auch abgepacktes Hackfleisch sollte nicht bis zum Ende des MHD gelagert werden. Meist bezieht sich das Mindesthaltbarkeitsdatum auf eine Lagertemperatur von +2°C, die im Kühlschrank nicht erreicht wird.

Hackfleisch sollte nach Möglichkeit nur völlig durchgegart verzehrt werden. Bei unserer frisch durchgedrehten Ware aus eigener Produktion oder frisch gewolftem Hack vom Fleischer, sind wir jedoch flexibler.

Der mit dem Fleischwolf tanzt

Wer auf wirklich frische Ware wert legt, wer die Fettstufe selbst kontrollieren und genau wissen will, welche Geheimnisse seine Hackmasse birgt, kommt um die Anschaffung eines Fleischwolfes nicht umhin. Ferner hat man damit die Möglichkeit ansonsten schwer beschaffbares Hackfleisch, z.B. vom Kalb, Wild oder vom Lamm, aus Teilen der Schulter oder Keule selbst herzustellen. Diese größeren Fleischstücke kann man auch in der Tiefkühltruhe bevorraten.

Auch kann man den Feinheitsgrad des Faschierten, der einen entscheidender Faktor für das Gelingen des jeweiligen Gerichtes darstellt, besser beeinflussen.

Bei kleineren Mengen können wir uns zwar mit dem Multimixer behelfen, dieser produziert aber in vielen Fällen eine zu feine Hackmasse.

Also brauchen wir einen Fleischwolf, entweder mit einer Handkurbel oder einem Elektromotor angetrieben. Neben der Antriebseinheit besteht er aus Förderschnecke mit einem daran montierten, mehrflügeligen Messer und der feststehenden Lochscheibe, die es mit verschiedenen Lochdurchmessern gibt, mit denen wir die Feinheit des Gehackten beeinflussen. Ausgestattet mit einem Lochscheibensatz der Bohrungen von 3mm, 6mm und 8mm Durchmesser aufweist, ist man im Haushalt schon ausreichend ausgerüstet.

Fangen wir mit der manuellen Alternative an, die bei seltenem Gebrauch durchaus Sinn macht. Kurbelwölfe sind sehr leise, platz-

sparend und trainieren die Arm-
muskulatur.

Der Nachteil der manuellen Wölfe
ist aber oft die fehlende Monta-
gemöglichkeit an den Einbaumö-
beln der modernen Küchen. Da
muss man sich meist mit der
Montage des Wolfes an einem
Esstisch behelfen.

Für den Haushalt hat man auch
noch die Wahl, zu einer eventuell
vorhandenen Küchenmaschine
einen entsprechenden Vorsatz
oder einen separaten Wolf zu er-
werben. Mit verschiedenem Zu-
behör, Aufsätzen und Vorsätzen
lassen sich auch viele andere Sa-
chen, z.B. Spritzgebäck oder
hausgemachte Wurst zubereiten.

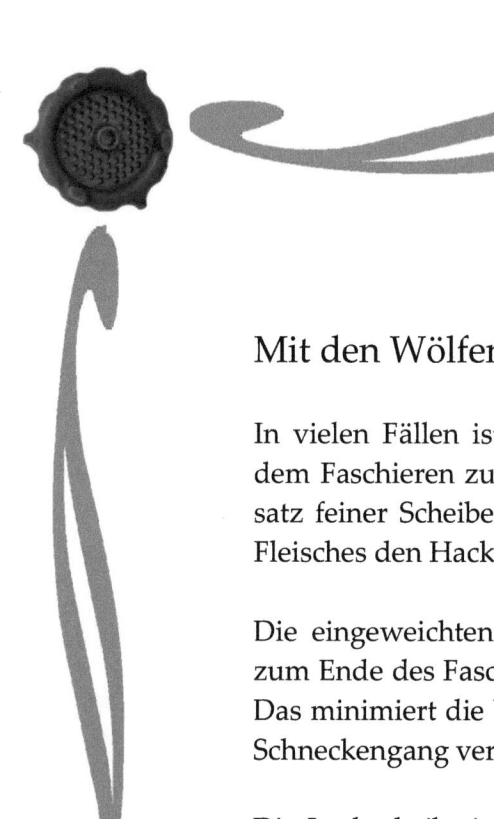

Mit den Wölfen heulen:

In vielen Fällen ist es sinnvoll, die Zutaten bereits vor dem Faschieren zu vermischen und zu würzen. Bei Einsatz feiner Scheiben erleichtert das leichte anfrieren des Fleisches den Hackvorgang.

Die eingeweichten Semmeln oder Zwiebeln am besten zum Ende des Faschiervorganges durch den Wolf geben. Das minimiert die Verlustmenge an Fleisch, die sonst im Schneckengang verbleibt.

Die Lochscheibe ist der Engpass, durch den das zerkleinerte Fleisch hindurch muss. Um den Widerstand zu verringern, kann man die Lochscheibe mit etwas Pflanzenöl fetten.

Sehnen und Bindehaut sollte vor dem Wolfen so gut wie möglich pariert bzw. entfernt werden. Zähe Sehnen und Häute verstopfen gerne Schnecke und Lochscheibe.

Statt feine Scheiben einzusetzen, kann man das Fleisch auch mehrmals durch den Wolf schicken.

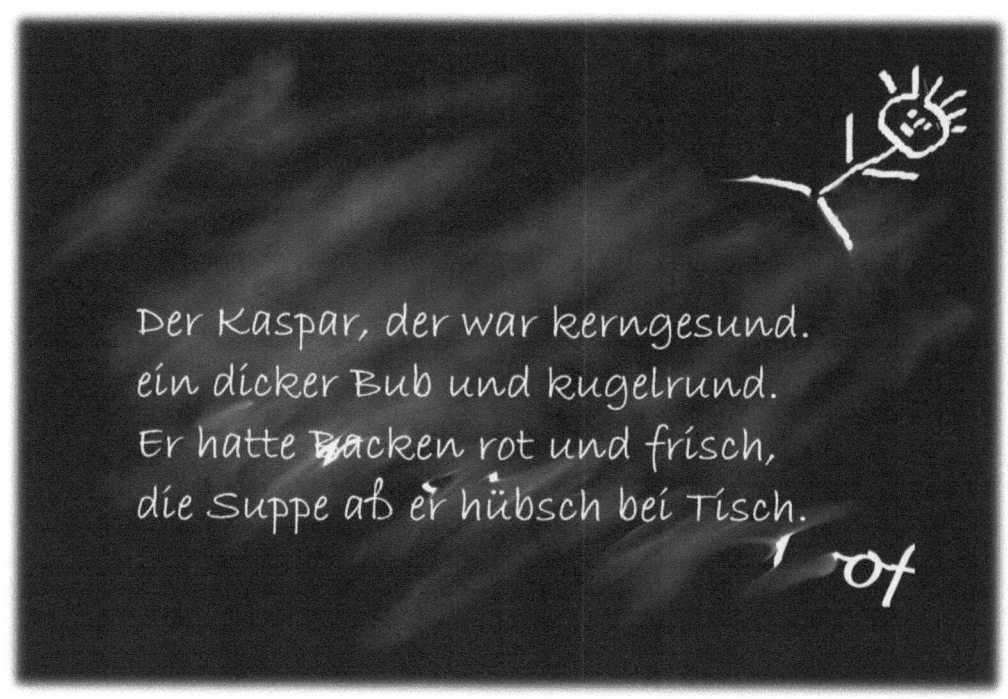

Der Kaspar, der war kerngesund.
ein dicker Bub und kugelrund.
Er hatte Backen rot und frisch,
die Suppe aß er hübsch bei Tisch.

Hack flüssig

Wie jeder weiß, fängt ein Menü mit einer Vorspeise und/oder einer guten Suppe an. Sogar als eigenständiges Gericht kennt man sie als sogenannten Eintopf. Suppen mit Hackfleisch sind nicht so populär, jedoch gibt es sie. Beispielsweise die klaren Suppen mit Fleischklößchen-Einlage, den Partykracher, die Lauchsuppe mit Schmelzkäse und Hack, Chili con Carne oder die Gulaschsuppe aus grob durchgedrehtem Rindfleisch.

Auch in der Profiküche kommt Rinderhackfleisch bei der Herstellung der Klassischen Consommé zum Einsatz, mit Würzgemüsen, Eiweiß und Eis versetzt, als sogenannter Kläransatz, zum Klären einer Kraftbrühe. Im Normalfall beträgt das Verhältnis fünf Teile Brühe zu einem Teil Fleisch. Wird der Fleischanteil auf zwei Teile erhöht, spricht man von einer Consommé double. Diese ist dann schon so gehaltvoll, dass man sie auch als Beef Tea bezeichnen kann.

Beef Tea

Eine schöner, neuer Name für eine Fleischbrühe bzw. eine Sonderform der Kraftbrühe oder Consommé. Der braun angehauchte Saft taucht jetzt immer häufiger in Steak- und Burger-Restaurants auf. Da kann man zusätzlich, vor dem 400 g Steak, nochmal pure Kraft tanken. Beef tea ist en vogue, wie «bone broth», die Knochenbrühe der Starkoch Marco Canora aus New York zu neuem Ruhm verhalf. In dem angesagten Lokal «Brodos» werden Brühen aller Art verkauft: Chicken Bone Broth, («made with 100% organic chicken bones. Like grandma's but better», lautet die Webebotschaft), Beef Broth with Ginger (made with 100% grass-fed beef bones and gingered just right) oder «Hearth Bone Broth», die Spezialität des Hauses, eine Mischung aus ausgekochtem Hühnchen, Truthahn und Rind, mit einer Knochenmark-Einlage und Ingwersaft.[13]

Wie nicht anders zu erwarten gibt's die Brühe auch im Straßenverkauf, «to go», in Pappbechern. Die Leute stehen Schlange!

Bone broth und beef tea sind nicht nur in, sondern gelten auch als «Superfood». Der Knochensud soll der Verdauung helfen, Gelenke schmieren, gegen schlechte Laune und Depression helfen und Haut und Haare auf Vordermann bringen. Einige glauben auch, dass die Brühe stark macht....

Das alles wusste vor über 150 Jahren auch schon Justus Liebig, der bereits 1843 mit seinen Studenten Fleisch mit kaltem und warmem Wasser extrahierte und durch die kräftigende Wirkung seines Elixiers die kranke Tochter seines Freundes aufpäppeln konnte.

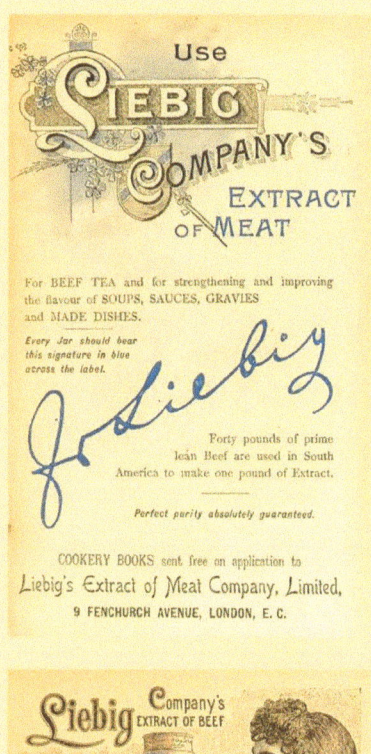

Abb.: Liebig/Lemco Reklame [14]

Sein Zaubertrank war verglichen mit einer Kraftbrühe jedoch von etwas chemischer Natur, da er den Extraktionsvorgang beschleunigte und das Fleischeiweiß mit Salzsäure hydrolysierte.

Der Vorgang wird in der «Geschichte des Liebig Fleischextrakts» wie folgt geschildert: «So nahm er frisches Hühnerfleisch, hackte es klein und legte es acht bis zwölf Stunden in stark verdünnte Salzsäure. Dann filtrierte er das Fleisch ab, neutralisierte die Flüssigkeit (Infusum) und flößte diese der Kranken langsam ein»[15]. Neutralisiert wird bei diesem Vorgang übrigens mit Natronlauge, wobei sich, im Verhältnis zu eingesetzter Säure, äquivalente Mengen an Kochsalz bilden. Wer schon mal einen Brühwürfel pur probiert hat, weiß jetzt, weshalb der so salzig ist.

Maggi und verwandte Suppenwürzen werden übrigens nach dem gleichen Verfahren hergestellt. Nur werden hier pflanzliche Rohstoffe, Gemüse aller Art und Sojaprotein, verwendet.

Um die Jahrhundertwende, Anfang des 20. Jahrhunderts gab es einen richtigen «Hype» nach Fleischkonzentrat. Justus von Liebig, der zusammen mit dem Unternehmer und Ingenieur Georg Christian Gilbert, die «LEMCO», Liebigs Extract of Meat Company gegründet hatte, erzeugte in Fray Bentos, Uruguay riesige Mengen Liebig-Fleischextrakt, was sehr preiswert war, da es dort einen gewaltigen Fleischüberschuss gab. Die Rinder wurden hauptsächlich zur Erzeugung von Häuten, Hörnern und Knochen gehalten.

Neben Liebigs Produkt hatte noch das Konzentrat von John Lawson Johnston, das er «Bovril» nannte, sowie die Suppenwürze «Maggi» eine große Bedeutung.

Abb.: Liebig Werbung 1898[16]

«Maggi bot 1909 erstmals Brühwürfel an, die statt Fleischextrakt Würze aus denaturiertem Pflanzeneiweiß enthielten. Diese Würze hat einen an Fleisch erinnernden Geschmack und kostet weniger als Fleischextrakt, sodass sich „Maggi-Würfel" und vergleichbare Produkte von Knorr und anderen gegenüber den „Liebig-Würfeln" durchsetzen konnten und heute fast ausschließlich angeboten werden»[17]. Küchentechnisch kannte man den Fleischextrakt freilich schon länger. Sogar die konzentrierte Variante wird bereits in dem Buch von Hannah Glasse, «The Art of Cookery Made Plain and Easy» von 1747 , in dem Kapitel «to make a portable soup» (die erste »to go» Suppe) beschrieben.

To make Portable Soup.

TAKE two legs of beef, of about fifty pounds weight, take off all the skin and fat as well as you can, then take all the meat and sinews clean from the bones, which meat put into a large pot, and put to it eight or nine gallons of soft water; first make it boil, then put in twelve anchovies, an ounce of mace, a quarter of an ounce of cloves, an ounce of whole pepper black and white together, six large onions peeled and cut in two, a little bundle of thyme, sweet marjoram, and winter-savory, the dry hard crust of a two-penny loaf, stir it all together and cover it close, lay a weight on the cover to keep it close down, and let it boil softly for eight or nine hours, then

Abb.: Ausschnitt Kochbuch Hannah Glasse[18]

Ganze neun Stunden musste die Brühe kochen, bevor es mit dem eigentlichen Konzentrationsvorgang, dem Eindampfen der Flüssigkeit, weiterging.

Das alles kümmert uns aber wenig, wollen wir doch unseren Beef Tea nach Großmutters Art herstellen, angelehnt an das Rezept für eine klassische Fleischbrühe. Wie so oft kursieren für den Tee verschiedene Rezepte, aus angeröstetem Fleisch, veredelt mit Portwein und Sherry, hergestellt im Schnellkochtopf oder im Einmachglas. Die Extraktionszeiten variieren ebenso stark. Von zu langer Kochzeit halte ich nicht viel, speziell, wenn auch noch Knochen mit verwendet werden. Die Gefahr besteht, dass die Suppe am Ende leimig schmeckt.

Die Liebig Company verwöhnte ihre Kunden ja mit diversem Schnick-Schnack, neben den Sammelbildern auch mit kleinen Rezeptbüchern. In dem Buch « Liebig company's practical cookery book» von 1893 gibt es auch ein Rezept für beef tea. Kochen für die Gebrechlichen war schwer angesagt:

450g bestes mageres Rindfleisch, 4l Wasser, eine Prise Salz, 1 TL. Liebig Company Fleischextrakt. Das Rindfleisch sehr fein zerkleinern, in ein Glas geben, Wasser hinzufügen (kalt), gut umrühren, 2 Stunden stehen lassen, gelegentlich umrühren; Decken Sie das Glas mit gebuttertem Papier, verdrehen das Papier ringsum, um zu verhindern, dass es abrutscht, stellen sie das Glas in eine Pfanne mit kochendem Wasser, so dass das Wasser innerhalb von etwa 2 cm der Oberseite des Gefäßes, köcheln kann. Lassen sie das Wasser im äußeren Gefäß für eine Stunde simmern. Nehmen Sie das Glas heraus, rühren Sie den Rindfleischtee gut und geben Sie ihn durch ein grobes Sieb, drücken Sie die ganze Flüssigkeit aus der Masse heraus, entfernen Sie das Fett, indem sie mit weichem Papier über die Oberfläche streifen. Rühren sie Liebig Company Extrakt von Fleisch ein, servieren sie mit trockenem Toast.

Abb.: Beef-Tea Rezept[19]

Beef Tea im Weckglas:

600 g Rinderwade (Beinscheibe, grob durch den Wolf gedreht oder mit dem Messer gehackt)
100 g Sellerie gehackt, 1 Hand Selleriegrün, 100g Lauch, 1 Möhre
½ Zwiebel mit Schale, angeröstet
1 Lorbeerblatt, 1 Knoblauchzehe
½ TL Tomatenmark
Speisestärke oder Pfeilwurzelmehl, kalt angerührt
Schnittlauch, Petersilie, 20 Pfefferkörner, schwarz
gemahlener Pfeffer, Salz, Portwein oder Sherry nach Geschmack

Das Rindfleisch mit den anderen Zutaten in 2 Einweckgläsern locker einfüllen und mit kaltem Wasser bedecken. Die Gläser schließen und 1 Stunde bei Raumtemperatur belassen. Anschließend ca. 4 Stunden bei 90 Grad im Wasserbad erhitzen (Backofen oder Einwecktopf). Nach dreißig Minuten Abkühlzeit, durch ein Tuch passieren. Das Fleisch kann für ein Haschee weiterverwendet werden. Mit Speisestärke oder Pfeilwurzelmehl leicht binden und abschmecken.

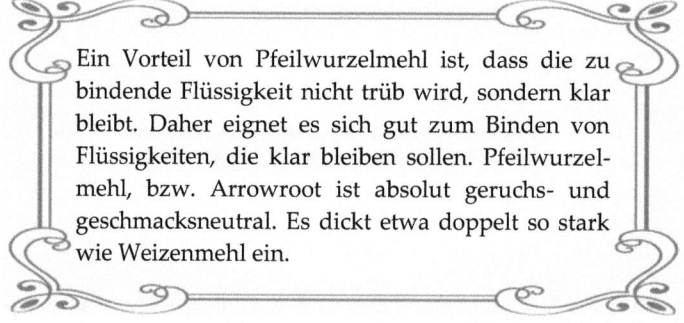

Ein Vorteil von Pfeilwurzelmehl ist, dass die zu bindende Flüssigkeit nicht trüb wird, sondern klar bleibt. Daher eignet es sich gut zum Binden von Flüssigkeiten, die klar bleiben sollen. Pfeilwurzelmehl, bzw. Arrowroot ist absolut geruchs- und geschmacksneutral. Es dickt etwa doppelt so stark wie Weizenmehl ein.

Anmerkung: Obwohl ich den Tee hier vorgestellt habe, halte ich die Zubereitung für umständlich. Eine gute, klassische Rinderbrühe braucht sich hinter dem Beef tea nicht zu verstecken, eher im Gegenteil!

Rohkost

Was unsere Zähne nicht in benötigtem Maße vermögen, müssen wir für die roh zubereiteten Gerichte mit dem Messer oder Wolf vorwegnehmen und unser Fleisch oder Fisch in entsprechend kleine Stücke schneiden.

Der große Vorteil der nicht erhitzten Speisen ist ja neben dem Erhalt des ursprünglichen Geschmacks, der Erhalt aller, auch der hitzeempfindlichen Inhaltsstoffe, z.B. der Vitamine.

Die Nachteile sollte aber nicht verschwiegen werden. Da wären zunächst Keime, die bei ausreichender Anzahl zu einer Lebensmittelinfektion führen können.

Gefürchtet bei Rindfleisch, ist auch der Bandwurm.

Zur Übertragung des Bandwurms ist das Finnenstadium im Rind notwendig. In Deutschland gelten zwischen 1 und 2 % der Rinder als befallen.[20]

Durch Kochen oder Braten des Rindfleisches vor dem Verzehr kann eine Infektion vermieden werden. Um die Finnen abzutöten, muss im Fleisch für mindestens fünf Minuten eine Temperatur von 65 Grad Celsius erreicht werden. Auch ein Einfrieren für neun Tage bei minus zehn Grad Celsius bewirkt ein Abtöten der Zystizerken.[21]

Infektionen aufgrund der regelmäßigen veterinärmedizinischen Fleischuntersuchungen sind hierzulande aber eher selten.

Ich wollte just losziehen und mir etwas Thüringer Mett im örtlichen Supermarkt (frisch durchgedreht) organisieren, als die Nachricht über die Mattscheibe lief: «Hepatitis E-Viren im Schweinefleisch». Von 100 Schlachtkörpern sollen 3 akut infiziert sein.

Originaltext SRW: «Jede fünfte Wurst enthält Erbmaterial von Hepatitis-E-Viren. Zu diesem Ergebnis kommt eine Untersuchung des Bundesinstituts für Risikobewertung (BfR). Gut durcherhitzte Würste seien zwar keine Gefahr, Rohwürste und Mett dagegen schon, so das BfR. Hepatitis-E-Subtyp-3 (HEV-Subtyp-3) ist eine noch relativ unbekannte, meldepflichtige Viruserkrankung, die von Schweinen übertragen wird. Von 100 Schlachtkörpern sind etwa drei akut infiziert.»[22]

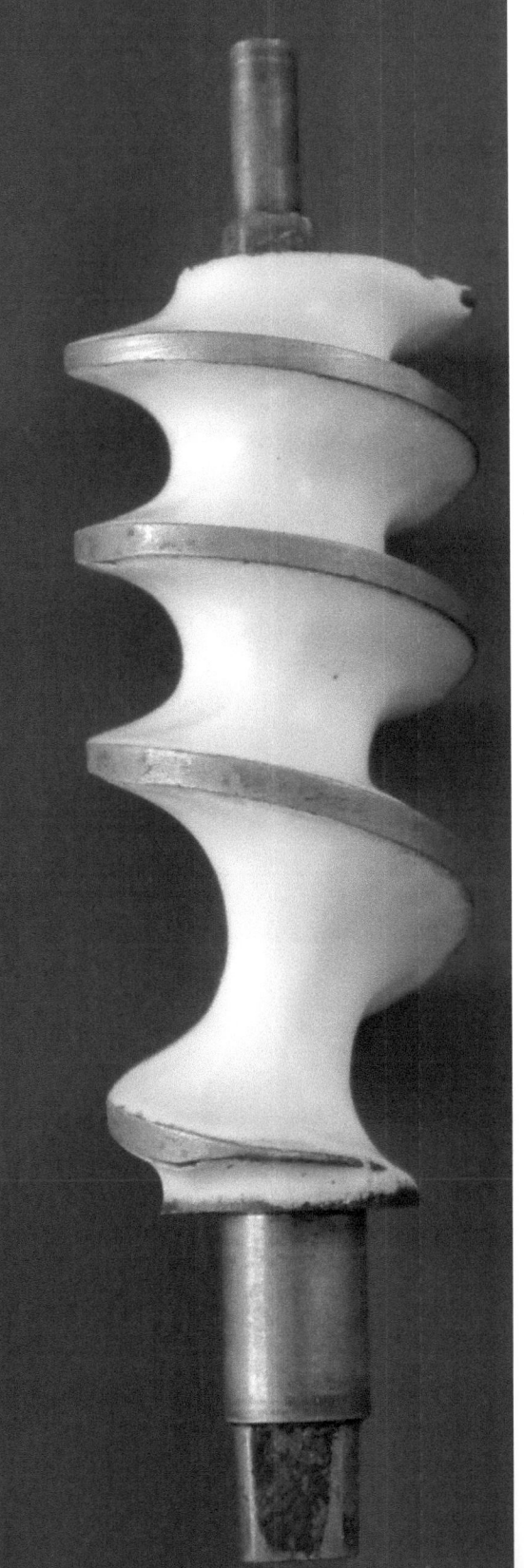

So ein Mettbrötchen oder gar ein ganzer Mett-Igel für den großen Hunger sind also nichts für Warmduscher. Mir hat es, zumindest für die erste Zeit, den Appetit auf das Schmankerl verschlagen.

Neben den Gefahren durch Bandwurm bei Rind und Trichinen bei Schwein wollen uns auch noch Salmonellen, Campylobacter, E. coli einschließlich EHEC, Yersinien, und Listerien den Garaus machen.

Das Bundesinstitut für Risikobewertung rät daher besonders empfindlichen Personengruppen vom Verzehr von rohen, vom Tier stammenden Lebensmitteln ab, da diese häufig mit Krankheitserregern belastet sind:

«Zum Schutz vor den zum Teil schwer verlaufenden Lebensmittelinfektionen sollten besonders empfindliche Personengruppen, wie Kinder unter 5 Jahren, Schwangere, Senioren oder Personen mit geschwächtem Immunsystem, vom Tier stammende Lebensmittel grundsätzlich nicht roh verzehren, rät das Institut.»[23]

Ja, Essen ist zum Abenteuer geworden. Der Vollständigkeit halber wollen wir uns aber einige Rezepte mit rohen Bestandteilen zu Gemüte führen.

Der klassische Mettigel

Mett, das Hackfleisch vom Schwein, gibt es meist als zubereitete, gewürzte Variante entweder als recht fettreiche Version mit max. 30% Fettanteil (lt. EU-Verordnung)[24] oder als edles Schinkenmett.

Mit Zwiebeln zubereitet wird es als Zwiebelmett an den Mann gebracht.

Das Wort «Mett» stammt vom niederdeutschen Mett für „Speise, Essen", das sich später auf „Fleisch" bezog. Das englische «Meat» ist ein entsprechendes Pendant.

Meist landet die Delikatesse, mit Zwiebeln veredelt, auf einem Brötchen und einer Scheibe Brot und ist bei jeder Männerrunde, neben dem Bier, der Kracher.

Als zentraler Bestandteil eines rustikalen Buffets wird das Mett oft auch künstlerisch gestaltet als Mettigel präsentiert.

Wer von der Muse geküsst wurde, der kann sich auch ein kleines Schweinchen aus dem Mett kneten.

«Miss Piggy» ist da eine schöne Vorlage.

«Mettigel Hawaii», eine Abwandlung vom falschen Hasen, mit Salzstangen und Ananas wäre eine andere Variante.

In der «Stupidedia» werden übrigens einige außergewöhnliche, sehr wenig bekannte Rezepte für den Mettigel präsentiert. Hier zwei Beispiele:

Zigeuner Art

«Über dem Igel eine Flasche pikanten Ketchup ausleeren, danach genussvoll mit einer Pommes in den Igel tauchen»

Englischer Mad Eagle

«Den Mettigel mit Essig übergießen und in eine Zeitungstüte setzen. Schmeckt gut mit Weinessig und einer Times, geht aber auch mit Apfelessig und einer Bild. Genießer nehmen Balsamico und eine Süddeutsche.»[25]

Pommes passen gut dazu!

Wie nicht anders zu erwarten, gibt es bereits auch vegane Rezepte für die Herstellung des Feten Klassikers aus den sechziger Jahren.

Man nehme:

100g Naturreiswaffeln, 2-3 Zwiebeln gewürfelt, ca. 350 ml Wasser (für die Männerrunde Bier), 50g Tomatenmark, 50 ml Pflanzenöl, Salz, Pfeffer, Hackfleischgewürz

Auf der Basis der klein gebröselten und eingeweichten Reiswaffeln und der anderen Zutaten wird eine Masse hergestellt, die dem Original (optisch) sehr nahe kommt. Das Ganze mit einem Kartoffelstampfer gut durcharbeiten, abschmecken und im Kühlschrank einige Zeit ziehen lassen.
Geformt und dekoriert wird der vegane Igel dann wie das schweinische Original:

Abb.: veganer Mettigel by „Grüne Jugend Thüringen"[26]

Çiğ Köfte

Çiğ Köfte, die türkischen, meist kräftig gewürzten rohen Hackfleischbällchen werden traditionell aus magerem, gehacktem Lammfleisch zubereitet.
Modernere Varianten gibt es als vegetarische Version, bestehend aus Bulgur oder Couscous, Tomatenmark, gemahlenen Chilischoten und anderen Gewürzen.

Über die Entstehung der Köfte kursiert unter anderem diese Geschichte: König Nimrod, der sagenumwobene Tyrann, der seinerzeit Abraham auf einem großen Scheiterhaufen grillen wollte, ließ zu diesem Zweck alles Brennbare und Holz in der Umgebung für den Scheiterhaufen einsammeln.

An diesem Tag sollte die Frau eines Jägers eine frisch erlegte Gazelle auf den Mittagstisch bringen, hatte jedoch kein Holz mehr für das benötigte Feuer. Um nicht mit ihrem Mann und ihren Kindern zu hungern, nahm die Frau fettarmes Fleisch von der Gazelle und schlug es zwischen zwei Steinen. Das geschlagene Fleisch vermischte sie mit Graupen, Pfeffer und Salz und knetete es. So entstand 2000 vor Christus das Çiğ Köfte.
Nebenbei könnte man König Nimrod auch noch die Erfindung des Holzkohlegrills und Smokers andichten.

Zutaten für das das Rezept:

300g Rinderhackfleisch
250g Bulgur (mit 100 ml warmem Wasser aufgießen,
Je nach Beschaffenheit des Bulgur muss dieser bis zu 30 Minuten quellen)
1 mittelgroße Zwiebel, fein gewürfelt

Einige Knoblauchzehen, fein gehackt

2 Teelöffel Chilipaste oder 1 gehackte Chili

2 EL Tomatenmark

200 Gramm Paprika-Flocken

El Yedi Türlü (Türkisches 7 Gewürze Pulver) oder Baharat (Paprika, Kreuzkümmel, Pfeffer, Schwarzkümmel, Piment, Nelken, Koriander, Muskatnüsse, Zimt, Knoblauch, Kardamom), Gekackte Petersilie

Zubereitung:

Das Hackfleisch mit den Gewürzen und den anderen Zutaten mindestens 30 Minuten kneten.

Den Bulgur und die Petersilie anschließend hinzuzufügen und weitere zehn Minuten kneten. Das sollte reichen. Es gibt auch Rezepte in den stundenlang geknetet wird, natürlich von Hand.

Kenner sagen, dass je länger die Masse durchgeknetet wird, desto gelungener werden die Cig-Köfte, da sich die Gewürze und der Geschmack besser entfalten.

Ich empfehle dann die Knethaken der Küchenmaschine, was auch hygienischer ist.

Aus der fertig gekneteten Cig-Köfte-Masse kleine längliche Frikadellen modellieren und auf einer Platte oder einem Teller auf Salat- oder Gemüseblättern nebeneinander anrichten.

Kibbe Nayé

Kibbe Nayé, die rohe Kugel der libanesischen Küche ist ein naher Verwandter von Çiğ Köfte. Es wird auch als arabisches Tatar bezeichnet und besteht aus rohem Lamm und/oder Rind- bzw. Kalbfleisch, welches mit einem Fleischhammer oder mit Holzhammer und Mörser zu einer breiigen Masse verarbeitet wird. Alternativ wird es mehrfach durch einen Fleischwolf gedreht

Dazu kommen dann eingeweichter Bulgur, Zwiebeln, Olivenöl, Pfefferminze, Salz und Pfeffer.

Die Masse wird auf einer Platte ausgestrichen oder alternativ zu fingerdicken Röllchen geformt auf Salatblättern angerichtet. Vielfach wird es abgewandelt, indem Küchenreste (was der Kühlschrank so hergibt) in dem Gericht verarbeitet werden.

Auch gibt es eine irakische Version (kubba), in der statt Bulgur Mehl oder Reismehl verarbeitet wird.[27]

Zutaten:

300 g Tatar oder Kalbshackfleisch
100 g Bulgur (feinkörnig) mit 50 ml Wasser quellen
50 g Zwiebeln
25 g Walnüsse
1/4 Bund Minze
50 ml Olivenöl
gemahlener Kreuzkümmel, Paprika, Chili, Salz, schwarzer Pfeffer

Zubereitung:

Den Bulgur in warmem Wasser für 10 Minuten quellen und mit den anderen Zutaten gründlich durchkneten. Die Masse auf einem Teller anrichten und mit frischen Zwiebelwürfeln, frischer Minze und Walnüssen bestreuen. Darüber etwas Olivenöl verteilen.

Beefsteak Tatar á la Escoffier

Bei dem Namen Tatar, kommt die Erinnerung an das Ammenmärchen wieder hoch, die Mär über das wilde Reitervolk, das das Fleisch unter dem Sattel mürbe geritten haben soll. Auch eine Assoziation mit Pferdefleisch, Pferdehaaren und Schweißgeruch droht zuweilen. Aber, wer weiß, vielleicht

schmeckt gehacktes Pferd gar nicht so übel?

In meiner Kochlehre wurden für die Zubereitung des Rinderhacks nicht die erlesensten Stücke des Rindes verwendet. Oft hing da ein Rindernacken, von dem man sich die sehnenfreien Stücke runterschneiden musste. Den Rest erledigte der Fleischwolf. An der Menge wurde nicht gespart. So ca. 250g der Masse, zu einem kleinen Fleischberg geformt, landeten auf einer ovalen Porzellanplatte. Die Bergkuppe zierte ein Eidotter umrahmt von Zwiebelringen, die in Paprika und Petersilie gewendet worden waren sowie ein Sardellenflet. Um den Fleischhaufen herum wurden Kapern, Zwiebelwürfel und Gurkenwürfel angerichtet.

Das war's dann auch schon. Das ganze stand fast nichtssagend als Rindertatar auf der Karte.

Das kommt doch die obere Bezeichnung ganz anders daher. Wo sind die Unterschiede? Schauen wir mal nach, was der gute Auguste Escoffier so zu bieten hatte.

Nun, in einer anspruchsvollen Küche wurde das Fleisch natürlich nur von den besten, den zartesten und magersten Stücken geschnitten. Hierzu musste (meist) das Rinderfilet herhalten.

Escoffier schreibt hierzu unter der Überschrift Beefsteak:

«Im Prinzip wird das Beefsteak vom Filet geschnitten, aber es kann auch ebenso gut von Contrefilet (Roastbeef) oder Aloyaukopf (Hüfte) genommen werden, ohne dabei gegen die Regel zu verstoßen. Der Name bezeichnet lediglich eine Tranche Rindfleisch und schreibt keinen bestimmten Fleischteil vor.» [6]

Das Beefsteak Tatar selbst stellt dann eine Abwandlung des Beefsteaks «à la Americaine» dar:

«Lenden - Beefsteak entnerven, entfetten und fein hacken. Von dem Gehäcksel die Form des Beefsteaks wiederherstellen, auf der Mitte einhöhlen und ein Eigelb hineinsetzen. — Kapern gehackte Zwiebeln und Petersilie dabei servieren.» [28]

Und letztlich unter Beefsteak Tatar:

«Beefsteak à la Tartare

Das Beefsteak wie „à l'americaine" zubereiten, nur das obenauf gesetzte Eigelb weglassen. — Tartaren – Sauce.» [29]

Weit und breit kein Pferd, noch nicht einmal ein Sattel. Die Sauce Tartare macht den kleinen Fleischkloß also zum Beefsteak Tatar. Eine mit Zwiebeln, Kapern, gehacktem Ei und Kräutern veredelte Mayonnaise.

Der Ursprung der Sauce wird französischen Köchen zugeschrieben, die im 19. Jahrhundert in Diensten russischer Adliger standen. Das Rezept wurde angeblich erstmals 1856 unter dem Namen « Mayonnaise à la Tartare.» von Urbain Dubois und Émile Bernard in ihrer «Cuisine classique» publiziert.[30]

Man findet die Urversion, hergestellt aus passierten Eidottern, Öl und diversen Kräutern, aber auch schon in älteren Büchern, Z.B. in «Kleine Kölner Köchin» von 1846[31]

Ein moderneres Rezept für Sc. Tartare

Mayonnaise:

200 ml Speiseöl in einen geeigneten Rührbecher geben. Ein Ei, 3 TL Senf, eine Prise Salz, etwas Pfeffer und etwas Zitronensaft hinzufügen. Die Zutaten mit einem Pürierstab gut emulgieren.

Alternativ kann man natürlich auch eine fertige Mayonnaise, Salatcreme oder Crème fraîche verwenden.

Sonstige Zutaten:

1 hart gekochtes Ei, fein gehackt
1 Schalotte in feinen Würfeln
1 Gewürzgurke, fein gehackt
1 EL Kapern, gehackt
Petersilie und Schnittlauch
1 Spritzer Worcestershiresauce
Salz, Pfeffer und Zitrone nach Geschmack

Zubereitung: alles gut vermengen, die Konsistenz mit Kapernlake oder etwas Gurkenlake (nicht zu dünn) einstellen!

Avocado Lachstatar

Eigentlich sollte hier mal ein Rezept für Thunfischtatar stehen. Laut Greenpeace ist gegen den Verzehr von Thunfisch der Art Skipjack (Echter Bonito) aus dem westlichen und zentralen Pazifik nichts einzuwenden, wenn er mit der Angelrute gefangen wurde. Dasselbe gilt für Weißen Thunfisch aus dem Nordpazifik. Dennoch, mit Rücksicht auf den vom Aussterben bedrohten Fisch entschloss ich mich für einen Fisch, den es auch aus der Aquakultur gibt, den Lachs.

Während meiner Kochlehre in den sechziger Jahren, war die Zubereitung von rohem Fisch noch kein Thema. Lachs wurde vorwiegend geräuchert verarbeitet und oft auch das Lachs-Imitat, die grell pink schimmernden Seelachschnitzel (in Öl).

Das hat sich, Gott sei Dank, geändert!

Zutaten (für 4 Portionen):

Lachstatar
400g Lachsfilet
1 Zwiebel, Korianderkraut, ersatzweise Schnittlauch
Salz, Pfeffer schwarz gemahlen
Olivenöl
Salat
1/2 Salatgurke, geschält, entkernt
1 Avocado, 1-2 EL gemischte Kräuter (gehackt)
125 g Crème fraîche

Zubereitung:

Die Zwiebel fein würfeln und in etwas Olivenöl kurz anschwitzen. Den gut entgräteten Lachs in kleine Würfel schneiden. Den Lachs mit den Zwiebelwürfeln, dem Korianderkraut und Olivenöl mischen. Einige Spritzer Zitronensaft zugeben. Mit Salz und Pfeffer abschmecken. Lachstatar abdecken und kalt stellen

Die Gurke schälen, entkernen, in Würfel schneiden und salzen. Nach 30 min. das gebildete Gurkenwasser abgießen. Die Gurkenwürfel und die gewürfelte Avocado mischen und mit den Kräutern und der Crème fraîche verrühren. Mit Salz, Pfeffer und Zitrone abschmecken.

Einen Dessertring zur Hälfte mit Gurken Avocado Salat füllen und leicht andrücken. Mit Lachstatar auffüllen, leicht andrücken und garnieren.

Abb.: Lachstatar[32]

Carne Cruda

Bild: Carne Cruda vom Schinkenmett, Gurken, Tomate Concasse, geschmorter Zwiebel und Kapern

I m Prinzip ist es ein gewürfeltes Carpaccio, wurde aber nicht in Harry's Bar kreiert, sondern existierte schon lange vor der Erfindung der rohen Fleischscheiben, des Carpaccio. Wahrscheinlich war es genau anders und Giuseppe Cipriani, der Inventor des Gerichtes, war zu faul zum Schneiden des Carne Cruda und hat einfach das Fleisch in Scheiben serviert.

Carne Cruda ist ein traditionelles Gericht im Piemont, wo es kaum eine italienische Kneipe bzw. Trattoria gibt, in dem keine Carne Cruda als Vorspeise serviert wird. Übersetzt heißt es «rohes Fleisch», weshalb manchmal auch Varianten von Carpaccio als solches angeboten werden. Das frische Fleisch wird immer von Hand sehr fein gehackt und nicht durch einen Fleischwolf gedreht oder womöglich im Mixer zerkleinert. Mit etwas Salz, Pfeffer und ggf. mit etwas Muskatnuss gewürzt macht man das Fleisch mit Olivenöl, ein wenig Zitronensaft und Knoblauch an. Wer nicht weiß, wohin mit seinem Geld, kann zum Finalisieren Trüffel darüber hobeln. Eine schöne Beigabe ist auch fein geschnittener Staudensellerie, Fenchel oder fein gehobelte, braune Champignons. Der Unterschied zwischen braunen und weißen Champignons ist ein intensiverer Geschmack und ein kräftigeres Aroma der braunen Cremechampignons.

400 g Kalbfleisch, pariert (Filet, Rücken, Hüfte oder Oberschale)

3–4 EL Olivenöl

1/2 Bio-Zitrone

1 Knoblauchzehe

50 g Parmesan

12 Basilikumblätter

Schwarzer Pfeffer

Fleur de Sel (oder einfach nur Kochsalz)

Zucker

Das Kalbfleisch parieren, von Fett und Sehnen befreien und zuerst in dünne Scheiben, dann in Streifen und zuletzt in feine Würfel schneiden. Fertig ist das Kalbsgehackte, das im Anschluss in eine mit Olivenöl und Knoblauch ausgeriebene Schüssel gegeben und mit den Zutaten (Zitronensaft, Zitronenabrieb, Olivenöl, Pfeffer, Salz sowie geriebener Parmesan) vermengt wird.
Anrichten kann man auf Salat oder Chicorée blättern und mit gehobeltem Grana Padano, feinen Champignonscheiben oder gehobeltem Trüffel vollenden.

Das Carpaccio, welches tatsächlich in Harrys Bar kreiert wurde sparen wir uns. Es sind auch nur hauchdünne Fleischscheiben, auf die im Originalrezept eine dünne Mayonnaise gegeben wurde.

Abb.: Harry's Bar von Adam Singer[33]

Rein damit

Die gemeine Frikadelle

Wer kennt sie nicht, die schwarzbraune, manchmal leicht grün fluoreszierende Delikatesse aus der Kneipe nebenan. Früher fristete sie ihr Dasein in einer schlecht beleuchteten Kühltheke, neben den Soleiern und den kalten Koteletts. Durch das beschlagene Glas der sparsam beleuchteten Kühlvitrine mit flackernder Neonröhre, ließ sich die wahre Qualität der «Bremsklötze» kaum ausmachen. Der Rauch in der Kneipe verlieh den Bouletten noch den letzten Schliff. Mit reichlich Düsseldorfer Senf gestippt, schmeckten sie unübertroffen, nach einigen Bieren immer besser.

Das Rezept für die Bratlinge war in jeder Kneipe anders und stets ein Geheimnis. Über die Zutaten wurde so manches vermutet. Meist gingen die Diskussionen um den Brotanteil.

In der Tat kann man in so einem «Brät» allerhand unterbringen. Neben dem rohen Hackfleisch, passen natürlich auch durch den Wolf gedrehte Reste vom Sonntagsbraten, egal ob gebraten oder gekocht, vom Schwein, Rind oder Huhn, sowie neben den Zwiebeln auch noch andere Gemüse in die Hackmasse. Zur Lockerung der Masse wird in der Regel eingeweichtes Brot/Brötchen zugefügt, Reis oder Kartoffel gehen aber auch. Für die Bindung sind neben dem Eiweiß aus dem Fleischanteil, die zugefügten Eier zuständig.

Für den Verkauf als Frikadelle, Deutsch Beefsteak oder Boulette sind jedoch die Zutaten in Grenzen geregelt. Der Fett- und Brotanteil darf festgelegte Grenzen nicht überschreiten. Bei den heutigen Preisen für Brötchen braucht man indes keine Angst zu haben, vom Wirt minderwertige Ware zu bekommen.

Am heimischen Herd können wir unsere Lieblingsfrikadelle ohnehin nach Gutdünken herstellen. Die Variationen sind vielfältig. Es fängt an mit der Mischung der Farce: Kalb-, Rind-, Lamm- oder auch Geflügel-fleisch, meist roh, in den unterschiedlichsten Verhältnissen gemischt sind möglich. Meist wird zur Lockerung der Masse in Milch oder Wasser eingeweichtes Weißbrot verwendet und zur Bindung Ei zugesetzt. Auch ein zusätzlicher Schuss Sahne ist bei gut bindender Farce möglich.

Das Brät kann mit diversen Zutaten und Gewürzen und über die Formgebung, rund, oval, rechteckig, groß, oder klein variiert werden. Die klassische Frikadelle wird aus gehacktem Rind- und Schweinefleisch hergestellt.

Hier mein Standardrezept:

Die geheimen Zutaten:

500 g Hackfleisch,
(50 % Rind, 50 % Schwein)
1 eingeweichtes Brötchen, gut ausgedrückt
2 Eier
1 Zwiebel, gewürfelt und angeschwitzt
1 TL gehackte Kapern
1 fein gehackte Sardelle
2 TL Senf, Pfeffer, Salz

How to do:

Alles muss gut gemischt werden, bis eine homogene Masse entstanden ist, die sich leicht vom Schüsselrand löst. mit Pfeffer, Salz und ein wenig Majoran, Thymian, ggf. Ingwer oder Chili abschmecken. Dann können die geformten Bouletten gebraten oder gegrillt werden.

Sterne Frikadellen

Tim Raue

baut seine «Bremsklötzchen» im vorliegenden Rezept aus Schweinehack.

Auf 1 kg Schweinehackfleisch kommen 200 g fetter durchgelassener Speck, 5 Eigelb, 100 g Schalotten, gewürfelt und blanchiert bzw. angeschwitzt, 100 g Röstzwiebeln, 300 g Weißbrot, in Milch eingeweicht und durchgelassen, 100 g süßer Senf, 70 g kleine Kapern, 4 EL Tabasco, 30 g Petersilie, fein gehackt, 30 g Kerbel, fein gehackt, Salz und weißer Pfeffer.

Die fertige Farce wird in kleine Bällchen von ca. 40 g abgedreht, in Butterschmalz angebraten und im Backofen bei 180 Grad 6 Minuten lang nachgegart.[34]

Eckart Witzigmann

dagegen schwört auf Kalbfleisch und mischt für seine Fleischpflanzerl 150 g Kalbfleisch aus der Schulter mit 250 g Schweinefleisch. Zu der farcierten Masse kommen noch 100 g Semmeln vom Vortag, die in 125 ml lauwarmer Milch, gemischt mit 125 ml lauwarmer Sahne, eingeweicht wurden sowie 100 g angedünstete Zwiebeln, mit 5 g Knoblauch und 100 g gekochtem Schinken, fein gewürfelt angedünstet sowie 2 Eier. Gewürzt wird mit 1 TL Dijon Senf, Salz, Pfeffer, Muskat, Petersilie, Majoran und Liebstöckel.[35]

Tim Mälzer

bastelt seine Buletten mit einer Masse, ähnlich meinen Standardrezept, aus normalem gemischtem Hack.

Für 500 g gemischtes Hackfleisch werden 2 Brötchen in Scheiben geschnitten, in eine flache Form geschichtet und mit Schlagsahne übergossen 10 Min. eingeweicht und mit den Händen durchgeknetet.

2 Zwiebeln werden fein gewürfelt und in heißem Öl 2 Min. mit einer ausgepressten Knoblauchzehe gedünstet.

Das Hackfleisch, 2 Eier, die eingeweichten Brötchen sowie 2 TL Senf, 2 El gehackte Petersilie, 2 Tl edelsüßes Paprikapulver und 1 Tl getrockneter Majoran werden kräftig zu einer gleichmäßigen Masse vermischt und in gleichmäßige Buletten geformt. In Butterschmalz bei mittlerer Hitze braten.[36]

Christian Lohse

verrät in einem Interview mit der «Welt»: "Meine Mutter Monika macht die besten Buletten der Welt! Sie nehmen Hackfleisch halb und halb, also Rind und Schwein. Weichen sie Brötchen in Milch ein. Sie brauchen natürlich Salz und Pfeffer, dazu Senf und Ketchup, etwas Worcestersoße, eine kleine Prise Zucker, etwas Knoblauch. Erdnussöl zum Braten wäre ideal. Wichtig: Deckel drauf. Buletten nach dem Rezept von meiner Mutter Monika sind unerreichbar." [37]

Paul Bocuse

kreierte seiner Zeit Luxus- Buletten, welche mit in Portwein eingelegtem Roquefort gefüllt werden. Das originale Rezept habe ich nicht, jedoch einen Artikel aus dem Suedkurier, mit dem Titel «Gib dir die Kugel». Zutaten für die «Boulette im Frack»:
500 Gramm Tartar, 100 Gramm Roquefort, 4 cl Portwein, Cayennepfeffer, 1 Zwiebel in feinen Würfeln,1 EL Distelöl, 1 Knoblauchzehe, Pfeffer, Salz, Knoblauchöl.
Der Käse wird durch ein Sieb passiert, mit einem Schuss Portwein verknetet und mit Cayennepfeffer gewürzt. Die Masse wird gut glattgerührt und gekühlt. Das Tartar wird mit den angedünsteten Zwiebeln und dem Knoblauch gemischt und alles mit Salz, frisch gemahlenem Pfeffer und Thymian abgeschmeckt. Aus der Masse vier Bouletten formen und mit der Käsemasse füllen, so dass diese gut ummantelt ist. Die Bouletten werden von jeder Seite 7-8 min. gegrillt. [38]

Alfons Schuhbeck

präsentierte bei «Lanz kocht» Chili-Fleischpflanzerl aus einem Gemisch von 250 g Kalbshackfleisch und 250 g Schweinehackfleisch. In das Brät kommen ferner 2 Eier, 80 g in 100 ml Milch eingeweichtes Toastbrot und eine in Würfel geschnittene und angeschwitzte Zwiebel. Gewürzt wird mit Salz, Pfeffer, Muskat, Chiliflocken, Senf, Majoran, Zitronen- und Orangenabrieb und reichlich Petersilie. Nach gründlicher Vermischung der Zutaten werden kleine Fleischpflanzerl daraus geformt, die vor dem Braten noch in Semmelbröseln gewendet werden. [39]

So mancher Leser wird sich wundern, dass in diesem Rezept gar kein Ingwer vorkommt. Der landet im vorliegenden Rezept in Gestalt eines eingelegten Ingwers in der Beilage, dem Kartoffelsalat.

Garnituren zum Hacksteak

Egal auf welcher Brot- und Fleischbasis unser Hacksteak bzw. die Frikadelle hergestellt wurde, kann man es wunderbar variieren. Für die Standardvariante des Hacksteaks bedienen wir uns einfach der gängigen Garnituren der klassischen Küche, die auch für andere Fleischstücke verwendet werden.

à la Meyer
Mit Röstzwiebeln und Spiegelei garnieren.

à la Robert
In einer Sauce aus Bratenjus, angeschwitzten Zwiebelwürfeln und gehackten Gurken. Abschmecken mit Senf.

à la Chasseur (Jäger-Art)
Eine Sauce aus Bratenjus mit angeschwitzten Zwiebelwürfeln und Champignons dazu reichen. Alternativ auch Champignons à la Creme dazu.

Zigeuner-Art
Mit Zigeuner-Sauce.

à la Rossini
Im Originalrezept stehen Gänseleber und Trüffel. Geflü-
gelleber und Champignons sind eine preiswerte Variante.

à la Strindberg
Original ist es ein wenig fummelig. Das rohe Hacksteak mit
Senf bestreichen. Anschließend drückt man beidseitig
Brunoise (feine Würfel) von Zwiebeln an. In beliebigem
Speisefett oder Öl beidseitig braten. Leider bleibt eine
Menge der Zwiebelwürfel in der Pfanne hängen.
Besser ist es, reichlich Zwiebel Julienne in Butter anzu-
schwitzen und anschließend mit Senf zu mischen. Diese
Masse auf das Hacksteak streichen. Wer will kann auch
noch ein Eigelb darunter ziehen und gratinieren.

à la boulangère
Mit Kartoffelscheiben, die roh in Jus geschmort wurden und
Zwiebelscheiben.

à la béarnaise
Mit einer Sauce béarnaise, Tomatenscheiben und
Spargelspitzen.

Café de Paris
Mit Sc. Café de Paris.

Burgunder-Art
Mit einer Sauce aus Rotwein (meist Burgunderwein), ange-
reichert mit Champignons, Speckwürfeln und glasierten
Zwiebeln.

Florentiner-Art
Mit Grießkroketten mit geriebenem Parmesan, sehr
kleinen gebratenen Spinatfladen und stark tomati-
sierter Jus.

à l'alsacienne
Auf Sauerkraut angerichtet, belegt mit einer krossen
Speckscheibe.

Gärtnerin-Art
Umlegt mit verschieden Gemüsen, napiert mit Hol-
ländischer Sauce.

à la Hawaii
Stammt nicht von Klemens Wilmenrod ! Mit Ananas und einer Scheibe Käse gratiniert.

Tessiner Art
Obenauf Tomatenscheiben oder Tomaten-
Concassée und geschmolzener Emmentaler.

Holsteiner Art
Wie das Holsteiner Schnitzel. Mit Spiegelei,
Fischcanapés (Lachs, Kaviar, Sardellen).

Esterházy
Gemüsestreifen und Rahmsauce.

Mailänder Art
Mit Streifen von Pökelzunge, Schinken und Champignons.
Angerichtet auf Spaghetti, Tomatensauce, Parmesan.

Bombay
Mit Currysauce, Mango-Chatney und gebackener Bana-
ne.

Königinnen Art
Bestrichen mit einer Geflügelfarce und garniert mit Spargelspitzen und Sc. Hollandaise.

Mornay
Mit einer Sauce Mornay (einer Bechamel mit reichlich geriebenem Gruyere und Parmesan) übergossen und gratiniert.

à l'opéra
Mit Hühnerleber und Spargel in Madeira gegart serviert.

à la provençale
Tomaten-Concassée, Tomatensauce, Champignons,
Kräuter, Knoblauch.

Tiroler Art
Mit gebackenen Zwiebelringen und Tomatenwürfeln.

à la flamande

Mit Wirsingköpfchen (gedünsteter Kohl rund geformt), Karotten, weiße Rüben, Speck, Wurstscheiben, Kartoffeln.

Brisolette "Cordon bleu"

In die Mitte der Brisolette einige klein geschnittene Würfel von gekochtem Schinken und Emmentaler geben und braten.

Beefsteak "Maréchal"

Belegt mit Trüffelscheiben. Garniert mit Spargelspitzen.

à la lyonnaise

Das Steak mit in Butter gerösteten Zwiebeln bedecken und mit Demi-glace (Bratensauce) überziehen.

à la mirabeau

Hacksteak, garniert mit Sardellen und Olivenscheiben, Sardellenbutter und Strohkartoffeln dazu.

Cotelette de porc "Grand-Mère"

Boulettenmasse zu Koteletten formen, Rippenknochen daran stecken und braten.

Colbert

Das rohe Hacksteak mit «Duxelles» (Masse aus gedünsteten Zwiebel- und Champignon –Brunoise) umhüllen, auf ein mit blanchierten Wirsingblättern ausgebreitetes Schweinenetz geben, einschlagen und langsam braten. Mit grünem Salat garnieren.

Brisolette "Nelson"
Die Brisolette mit reichlich «Soubisse» (Bechamel mit passierten, weichgeschmorten Zwiebeln und Crème fraîche) bestreichen, mit Butter beträufeln und gratinieren.

à la Hongroise
Hacksteak braten, anschließend Zwiebelwürfel im Bratenfett hell andünsten, mit Paprika bestäuben und mit Sahne aufgießen.

Helder
gedünstete, halbierte Tomaten, gefüllt mit Sauce béarnaise. Dazu Pommes parisienne

Beefsteak "Villa Franca"
Aufgeschlagene Eier in einer Pfanne zu einem Omelette aufgießen und stocken lassen. Hacksteak drauflegen und mit einigen gedünsteten Champignons belegen. In das Omelette einhüllen und stürzen.

Hacksteak "Brabant"
Gebratenes Hacksteak mit Sauce Bearnaise bedecken und mit Strohkartoffeln und Brunnenkresse garnieren.

Nach Art des Hauses
(Der Klassiker der Resteküche) Alles was der Kühlschrank und die Vorratskammer hergeben, versuchen einzubauen.

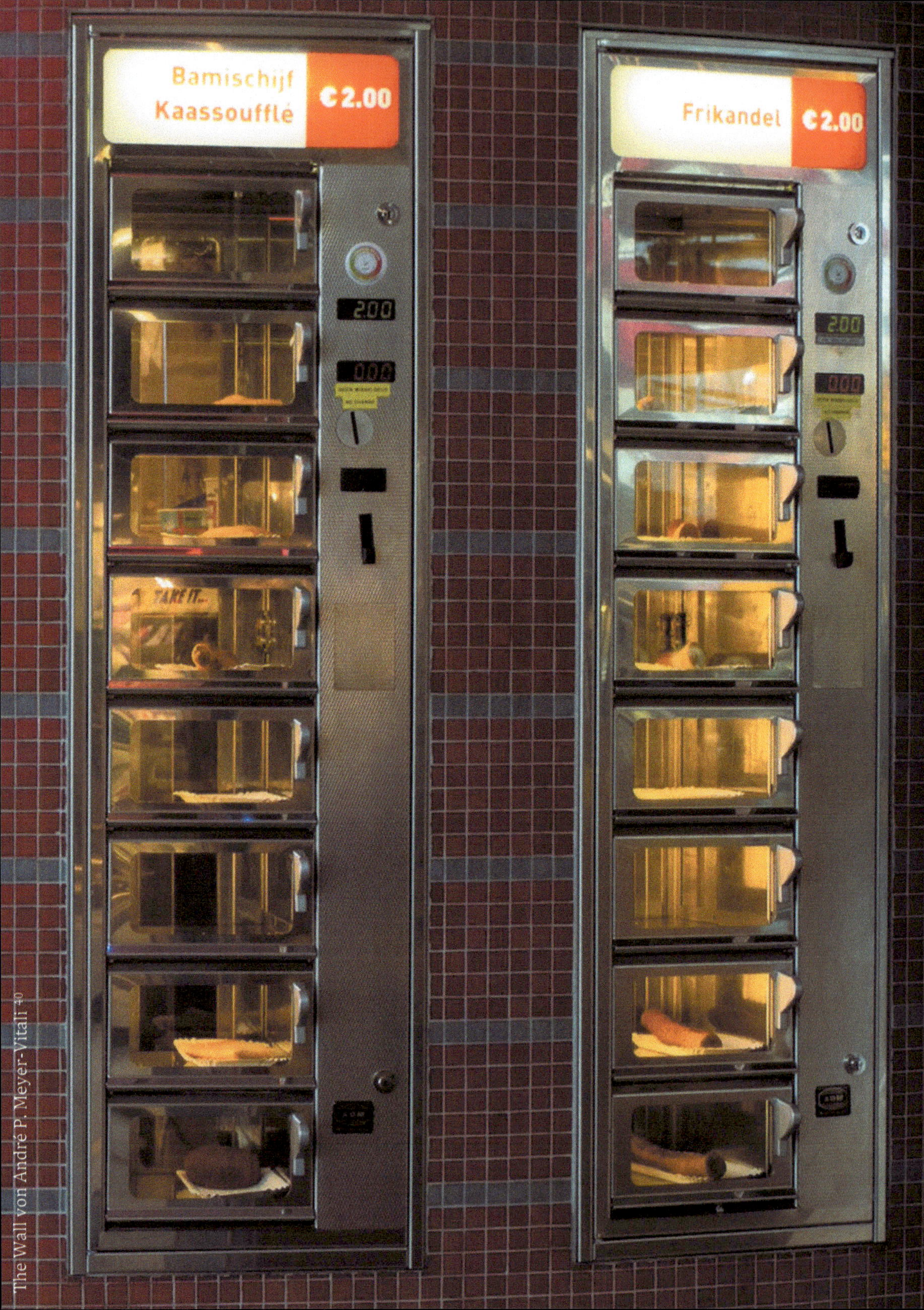

The Wall von André P. Meyer-Vitali 40

Holländische Frikandel

Obwohl sie nicht rund oder oval ist, auch nicht gebogen wie eine Wurst, sondern aussieht wie eine langgestreckte Krokette, erinnert sie mich an die Frikadellen, die in meinem ehemaligen Lehrbetrieb vom Fleischermeister persönlich gefertigt wurden. Der Betrieb lag unweit der Niederländischen Grenze, wo die Frikandel ein Verkaufsschlager ist, ähnlich der Currywurst bei uns. Das Brät der Frikandel hat im Gegensatz zu dem der Frikadelle eine glatte Struktur, da sie wie ein Wurstbrät mit dem Kutter (Maschine, die in der Lebensmittelindustrie und Metzgereien zum starken Zerkleinern und Vermischen von Lebensmitteln, vor allem Fleisch, verwendet wird) hergestellt wird.

Inspiriert von der amerikanischen Snack-Kultur und vor allem durch die sehr beliebten Hotdogs, hatte der Fleischergeselle Gerrit de Vries aus Dordrecht hatte 1954 eine geniale Idee und erfand eine Wurst ohne Darm oder Pelle, für die Pommesbude, die im heißen Fett aufplatzt. Das Ergebnis seiner Experimente war die erste Frikandel, ganz ohne Darm.

Heute aber wird die Frikandel häufig mit Jan Bekkers in Verbindung gebracht („Lekkers van Beckers"), der vier Jahre später, 1958, in dem Hühnerstall seines Vaters in ebenfalls eine Wurst ohne Darm ins Leben rief, die er übrigens zum ersten Mal Frikandel nannte, im Unterschied zur Holländischen Frikadel, der Frikadelle bzw. dem «Gehaktbal». Wie bei den Frikadellen kursieren um den Inhalt der Frikandeln die wildesten Spekulationen: Rinderaugen, Schlachtabfälle, Kuheuter, Stierhoden, Darm und vor allem Fett, jede Menge Fett sollen drin sein.[41]

Von Seiten des größten Frikandel-Herstellers, «Beckers», befinden sich darin ca. 45 Prozent Hühnerfleisch, 20 Prozent Schweinefleisch, 5 Prozent Pferdefleisch, 15 Prozent Wasser, zehn Prozent Paniermehl und fünf Prozent Bouillon. Freilich ist Fleisch nicht Fleisch. Filet ist nicht verarbeitet, jedoch Separatorenfleisch (auch Knochenputz, maschinell von Knochen gelöste Fleischteile, die nicht mehr die lebensmittelrechtliche Definition von Muskelfleisch erfüllen).

Die nur industriell hergestellten Frikandellen werden vor allem in Snackbars, den niederländischen Imbisslokalen, angeboten. Nach dem Frittieren werden sie nach Wunsch mit verschiedenen Saucen und Beilagen wie Patat speciaal (Pommes frites) serviert. Beliebt ist die Variante, bei der die Frikandel längs aufgeschnitten und mit Curryketchup, Frietsaus (niederländische Mayonnaise mit etwa 25 bis 35 % Fettanteil) und fein gehackten, rohen Zwiebeln gefüllt wird.

Mit der Frikandel vergleichbar, aber anders gewürzt, ist die Currywurst ohne Darm.

Was hindert uns daran, Frikandeln selbst zuzubereiten?

Frikandeln DIY

Zutaten:

500 g Gehacktes (vom Kalb, Rind, Schwein, Geflügel)

75 g kalter Rahm oder kalte Hühnerbrühe

Zwiebelgranulat (nach Geschmack)

1 TL Salz,

je eine Messerspitze Pfeffer, Piment, Muskatblüte

Nelkenpulver, Korianderpulver

Für die Frikandelfarce alle Zutaten (gut gekühlt) in die Küchen-Maschine oder den Multimixer geben und auf höchster Stufe von dem Fleisch eine Farce herstellen. Bevor der Mixer dicke Backen macht, ist es besser alle Zutaten vorher zu mischen und die Farce in zwei oder drei Etappen herzustellen. Aus der Farce mit den Händen und Frischhaltefolie 4 Frikandel drehen. Wer geübt ist, kann sich auch mit dem Spritzbeutel, ohne Tülle, lange Würste formen.

In einem Topf Wasser zum Sieden bringen, salzen und die Frikandeln zu Wasser lassen. Die holländischen Frikandeln ca. 10 Minuten ziehen lassen. Anschließend gut abtropfen lassen und tiefkühlen. Bei Bedarf frittieren oder braten.

Abb.: Frikandel speciaal met verse frieten[42]

Der falsche Hase

Der falsche Hase wird oft mit dem Dachhasen verwechselt, ist aber kein Kaninchenersatz aus der Kriegs- und Nachkriegszeit, sondern das gebratene, warme Pendant zum Mettigel.

Es kursieren jedoch nach wie vor Gerüchte, dass der Braten ursprünglich aus durchgedrehter Katze gefertigt wurde und ein Ersatz für Hasenbraten war.

Möglicherweise hat der Hackbraten seinen Namen einfach durch die beigefügten Möhren im Inneren oder die sinnige Verbindung von Eiern und dem Osterhasen. Denkbar wäre auch, dass der Schöpfer des falschen Hasen einfach nur einen anderen Namen für das Gericht gesucht hat. Man kann ja nicht jeden Tag das gleiche auf den Tisch bringen.

Freitag:	Hackbraten
Samstag:	Ćevapčići
Sonntag:	Falscher Hase

Die Reste von Sonntag kann man zum Abendbrot kalt aufschneiden oder zerkleinern und in Braten- oder Tomatensauce am Montag als eine Art Bolognese verarbeiten. Durchgedrehter geht's dann kaum noch!

Noch naheliegender ist die Entwicklung aus dem Namen «Panhas», dem «Arme Leute Essen» aus Fleischresten, Innereien und Buchweizenmehl.

Falsch übersetzt mutierte der Panhas zum falschen Hasen. Tatsächlich heißt Panhas «in der Panne gebratenes Fleisch» (aus dem Niederdeutschen: "pan" = Pfanne, "harst" = gebratenes Fleisch)[43]

Den falschen Hasen gibt es heutzutage nicht nur in seiner Urform, sondern in einer Vielzahl verschiedener Variationen. In einem bekannten Kochportal existieren hiervon über 500 verschieden Rezepte, wobei sich freilich einige stark ähneln.

Da gibt es den Hackbraten mediterran und Italienisch, mit Tomaten und Mozzarella, als Blätterteigkrokodil oder als Spider Hackbraten, das Highlight zu Halloween, modelliert als Spinne.

Die Liste der unterschiedlichen Ingredienzien ist schier unendlich. Angefangen bei Zwiebelsuppentüte über Porree bis hin zu Paprika und Frühstücksspeck ist alles vertreten. «Nassbrot» ist nach wie vor eine der Hauptzutaten. Böse Zungen behaupten, dass die Deutsche Hausfrau lange vor dem grünen Punkt das Recycling erfunden hat, weil der Hackbraten die vertrockneten Brotkanten vor dem Mülleimer gerettet hat.

Auch in der Gastronomie taucht der falsche Hase hin und wieder auf der Speisekarte auf. Manchmal getarnt als «Meat loaf» oder «Pain de Viande». Das macht mehr her!

Falscher Hase, frei nach A. Dürer

Klassischer falscher Hase

Zutaten:
2 Möhren, 3 gekochte Eier, für das Innenleben

Für das Brät:
750g Hackfleisch (gemischt)
1 Ei, 1 1/2 Brötchen, 1 Zwiebel
Pfeffer, Salz, ggf. Muskat, Majoran und Thymian

Für die Sauce:
250 ml Brühe oder Bratenjus
1 Zwiebel, 2 TL Stärke, 100 ml Sahne.

Zubereitung:

Aus Hackfleisch, Ei, den eingeweichten und ausgedrückten Brötchen, den Zwiebelwürfeln einer Zwiebel und Gewürzen ein Brät zubereiten. Die vorgegarten Karotten und/oder hartgekochte Eier in die Hackmasse drücken und ein längliches Brot, ähnlich einem Hasenrücken, formen. In einen Bräter legen und eine grob geschnittene Zwiebel um den Braten verteilen. Im Backofen bei 180°C ca. 1 1/2 Stunden garen, zwischendurch mit der Fleischbrühe etwas angießen.
Den fertigen Braten warm stellen und aus dem Bratenansatz eine Soße herstellen. Hierzu den Bratensaft mit Brühe bzw. Bratenjus und Wasser zu einem halben Liter auffüllen, aufkochen und mit der kalt angerührten Stärke binden. Mit der Sahne vollenden und abschmecken.

Surf & Turf

Für die Idee Fisch und Fleisch zu kombinieren, muss man mutig sein und kreativ sein.

Die Kombination von Steak mit Hummer, von zwei der teuersten Gerichte auf einer Speisekarte soll erstmals 1967 in einem Restaurant an der nordamerikanischen Atlantikküste entstanden sein und steht unter dem Ruf, unter einem Anflug von Genusssucht kreiert worden zu sein. In der «Enzyklopädie des schlechten Geschmacks» von Jane und Michael Stern wird Surf and Turf als der «Inbegriff von kulinarischem Kitsch» dargestellt, was aber sicher eher humoristisch angelegt war. Fisch & Fleisch auf einem Teller ist auch bei uns seit einiger Zeit schwer angesagt.

Weshalb eigentlich nicht mit Hack?

Wenn man ein wenig überlegt ist die Zusammenstellung auch gar nicht so neu. Labskaus, die Kombination aus Hering und Corned Beef und Vitello Tonnato, das Kalbfleisch mit Thunfisch, sind zwei Beispiele. In einer spanischen Paella geht es sogar noch bunter zu. Da tummeln sich Huhn, Schwein, Kaninchen, Ente und Wasserratte[*] neben diversen Meeresfrüchten.

Es muss aber nicht immer Filetsteak mit Langusten Schwanz sein. In der einfachsten Variante nehme man das Grundrezept für die gemeine Frikadelle und mische eine Hand voll Krabben, Garnelen oder Krebsfleisch unter die Masse. Auch ein gewürfeltes Matjesfilet oder frischer Seefisch, z.B. Kabeljau sind geeignet. Für den schmaleren Geldbeutel sind auch Shrimps eine gute Wahl, wie z.B. auch im nachfolgenden Rezept.

Eismeergarnelen statt Kaisergranat und eine Mischung aus magerem Schinkenmett mit faschierter Hähnchenbrust statt Kalbfleisch sind das Geheimnis dieser edlen Brisoletten.

---

[*] Bis ins frühe 20. Jahrhundert war die Westschermaus eine häufige Zutat der besonders in Valencia verbreiteten Paella, https://de.wikipedia.org/wiki/Westschermaus

Fly & Surf Brisolette

200 g Shrimps (TK)

300 g Schinkenmett

1 Hähnchenbrust

1 EL Kapern, 1 Sardellenfilet

Zitronenabrieb, 1 Ei

50g Semmelbrösel, 4 EL Olivenöl

100 g gekochter Schinken

1 Schalotte, fein gehackt

ca. 5 EL Pflanzenöl, 1 EL Butter

1 Knoblauchzehe

Zubereitung der Brisolette:

Die Shrimps kurz in Salzwasser blanchieren und grob hacken. Das Hühnerbrüstchen in Würfel schneiden und im Multimixer mit 100 ml kalter Sahne zu einer Farce zerkleinern. Kapern und Sardellenfilet fein hacken. Die Zitrone abwaschen, abtrocknen und die Schale fein abreiben.

Gehackte Garnelen, Schinkenmett, Hähnchenfarce, Kapern, Sardelle, die mit Knoblauch angeschwitzten Zwiebelwürfel, fein geschnittene Petersilie, Zitronenabrieb, Ei und Semmelbrösel in eine Schüssel geben, alles gut vermischen und die Farce mit Salz und Pfeffer würzen.

Aus der Masse gleichgroße Hacksteaks formen. In einer Pfanne Pflanzenöl erhitzen und die Brisoletten darin bei mittlerer Hitze von beiden Seiten braten. Zum Ende des Bratvorgangs bei geringer Hitze, mit etwas Butter nachgaren.

Tipp: Sollten die Briso-
letten in der Pfanne zer-
fallen, einfach alles nach
alter Seemanns-Art un-
ter einen Kartoffelstampf
mischen, rote Beete un-
terheben, ein Spiegelei
obenauf setzen und dem
Partner oder der hungri-
gen Kinderschaar als
«Variation von Labs-
kaus» servieren.

Chou farci – gefüllter Kohl

Kohlrouladen, Kohlrollen, Krautwurst oder Krautwickel sind ein weit über Europa hinaus verbreitetes Gericht aus in verschiedenen Varianten gefüllten Kohlblättern, die gegart, gedünstet oder geschmort werden.

Bei der Suche nach dem Ursprung landen wir mal wieder bei den Osmanen. Der Herkunft nach, ist es ein traditionelles, ursprünglich byzantinisches Gericht, für das Feigenblätter oder Weinblätter benutzt wurden, um die Füllung zu wickeln. Noch heute kennt man im östlichen Mittelmeerraum die sogenannten Dolma, Hack in Weinblättern, eine von vielen Varianten, Gemüseblätter gefüllt zu garen. Diese Grundzubereitung wird auf die Küche im Byzantinischen Reich zurückgeführt. In vielen der Mittelmeerländer Länder gibt es Kohl-rouladen, wobei sich die jeweiligen Landesrezepte nicht wesentlich unterscheiden. Zum Teil wird als Umhüllung für das Hackfleisch statt Weinblättern oder Kohl auch Mangold oder Spinat verwendet.

Im restlichen Europa werden hauptsächlich die verschiedenen Kohlsorten für die Umhüllung eingesetzt. Der Kohl ist/war besonders in den kühleren Regionen in Zentral- und Osteuropa als Vitaminspender im Winter besonders beliebt (In vielen Kohlarten finden sich besonders die Vitamine A, C, E und K). Kohlgerichte, darunter besonders auch Kohlrouladen, haben in den Landesküchen in Osteuropa, nach wie vor, einen hohen Stellenwert. Hierzulande zählen die Kohlrouladen, egal ob auf Basis von Weißkohl, Rotkohl, Spitzkohl oder Wirsing, in vielen Fällen zu den Leibgerichten der Deutschen.

Für die Grundzubereitung eignet sich die Hackmasse, die ich auf Seite 30 beschrieben habe. Bei Bedarf kann man die Masse noch mit etwas durchwachsenem Speck aufmotzen. Wirsing- oder Weißkohlblätter werden blanchiert und ggf. mehrere Blätter übereinander gelegt. In die Kohlblätter wird sodann etwas Hackmasse gegeben und das gerollte Kraut mit Küchengarn gebunden oder mit Holzspießchen zusammengesteckt. Edle Varianten kann man mit einem Schweinenetz ummanteln.

Die fertig präparierten Krautwickel werden mit Salz, Pfeffer und etwas Muskat gewürzt und in etwas Schweine- oder Butterschmalz angebraten. Empfehlenswert ist die Zugabe von Räucherspeck oder einer geräucherten Schwarte, um ein schönes Raucharoma zu erzielen. Die Rouladen werden dann idealerweise mit etwas Bratenjus oder Tomatensauce, andere Fonds tun es auch, aufgegossen und für ca.1 Stunde im Backofen gegart.

Variationen der Kohlroulade

Polnische Golabki

Kohlrouladen sind in Polen sehr beliebt. Schweinefleisch und Rindfleisch gemischt mit Reis oder Kälberzähnen (Graupen) werden in einem Kohlblatt eingebettet und im Ofen oder auf dem Herd gegart oder weichgekocht.

In Polen werden sie «Golabki» genannt, was wörtlich übersetzt «kleine Tauben» bedeutet. In Tschechien und der Slowakei, sind es «holubky» und in Serbien und Kroatien sind sie als «sarma» bekannt. Üblicherweise ist die Sauce, die sie auszeichnet, meist eine cremige Tomatensauce.

Ein polnischer Mythos besagt, dass der König von Polen und Großherzog von Litauen, Kasimir IV, seine Armee, vor einer entscheidenden Schlacht im Dreizehn Jährigen Krieg, mit Gołąbki verköstigte und der Sieg gegen den Deutschen Orden der herzhaften Mahlzeit zu verdanken ist.

Ukrainische Holubtsi

Die Die Zutaten der Füllung der sogenannten «Holubtsi» variiert im ganzen Land. In den Karpatenregionen wird gerne Maisgrieß verwendet wird, im Poltawa Gebiet wird Buchweizengrütze bevorzugt. Das Getreide wird mit gebratenen Zwiebeln und Grieben gemischt und gekocht und an den Feiertagen mit rohem Hackfleisch und Gewürzen kombiniert. Diese Mischung wird auch verwendet, um frisch gedämpfte Sauerkraut Blätter füllen. Im Frühjahr werden Kohlblätter oft auch mit frischen roten Rübenblättern oder Weinblättern ersetzt.

Tabelle: Vitamine in Wirsing [µg]

Vitamin C - Ascorbinsäure	25677
Vitamin E - Alpha-Tocopherol	2515
Vitamin B3 - Niacinäquivalent	783
Vitamin B3 - Niacin, Nicotinsäure	266
Vitamin B5 - Pantothensäure	173
Vitamin B6 - Pyridoxin	126
Vitamin B2 - Riboflavin	54
Vitamin B1 - Thiamin	46
Vitamin A - Beta-Carotin	41
Vitamin B9 - gesamte Folsäure	18
Vitamin A - Retinoläquivalent	7

Quelle: Vitamine.com

Russische Golubtsi

Golabki in Polen, Holubtsi in der Ukraine. In Russland heißen sie «Golubtsi» (kyrillisch: голубцы). In der russischen Küche werden Kohlrouladen mit Weißkohl gemacht und mit einer Mischung aus Hackfleisch und Reis gefüllt. Man nimmt üblicherweise Rind- und/oder Schweinefleisch. Mit Huhn werden die Golubtsi zarter und milder. Auch gibt es Variationen unter Beigabe vom Möhren und Tomaten und Pilzen. Auch hier ist der Name «Golubtsi» vom russischen Wort «Taube» abgeleitet, weil die Form von Kohlrouladen an eine sitzende Taube erinnert.

Der Reis (125g auf 400 g Hackfleisch) wird in gesalzenem Wasser gekocht, bis er fast fertig ist. Dann werden Zwiebeln fein gehackt und in wenig Öl (oder Butter) angedünstet, Karotten geschält und gerieben. Tomaten gehäutet und klein gehackt und alles in einer Schüssel vermengt. Hackfleisch kommt zu der Reis-Gemüse-Mischung, wird gesalzen, gepfeffert und gut durchmengt.

Die Mischung taschenähnlich in blanchierte Kohlblätter einschlagen und mit Garn fixieren. Nach dem anbraten und der Zugabe von etwas Tomatenmark und Brühe bzw. Gemüsebrühe werden die Golabki ca. 1 Stunde im Backofen (bei ca. geschmort 150°C) geschmort. Finalisiert wird typischerweise mit einem Schuss saurer Sahne.

Priyatnogo appetita! (Guten Apettit!)

Schwedische Kåldolmar

Kåldolmar sind die schwedischen, mit Hackfleisch, manchmal auch mit Reis gefüllten Kohlrouladen. Sie werden in der Regel mit gekochten Kartoffeln, Soße und Preiselbeeren Marmelade gegessen. Gurke und Dill wären auch noch vorstellbar. Kåldolmar sind auch in Dänemark und in Finnland sehr beliebt.

Das Gericht wird als eine Variante der «Dolma» betrachtet. Dolma oder auch Dolmades sind eine Spezialität der orientalischen Küche bestehend aus Weinblättern, die meist mit Reis, Lammhack, feingehackten Zwiebeln, Nüssen und Gewürzen gefüllt werden. Die Füllung kann Fleisch enthalten oder auch nicht. Die gefüllten Blätter werden in Brühe oder Wein geschmort und mit Olivenöl und Zitronensaft veredelt.

Der Ursprung der gefüllten Überraschungspakete liegt in den östlichen Mittelmeerländern und soll um 1709 von Karl XII von Schweden, der mehr als fünf Jahre im Osmanischen Reich verbrachte, mit nach Schweden gebracht worden sein. Als er im Jahre 1715 nach Schweden zurückkehrte, wurde er von einigen der osmanischen Gläubiger verfolgt, von denen er sich Geld geliehen hatte, um seine Kriege zu finanzieren. Die Gläubiger lebten bis 1732 in Stockholm. So ist es sehr wahrscheinlich, dass in dieser Zeit die Dolma (mit Kohl als Ersatz für das Weinblatt) in Schweden eingeführt wurden.

Der Name «Dolma» stammt übrigens aus dem Türkischen. und bedeutet „gefüllt" und steht für alle Gemüse, die ausgehöhlt und mit Füllung versehen sind.

Der Name «Dolma» steht also auch für Zucchini, Paprika, Tomate, Aubergine, und sogar für gefüllte Makrele, Tintenfisch und vieles andere.

Das erste bekannte schwedische Rezept für «Orientalische Dolmas» erschien in 1765, in einem berühmten schwedischen Kochbuch von Cajsa Warg. Am Ende der Rezeptur schrieb die Autorin, Frau Warg, dass diejenigen, die sich keine Weinblätter leisten oder beschaffen können, stattdessen vorgekochte Kohlblätter nehmen könnten.

maſſen ihre natürliche Säure wieder bekommen. Derjenig so keine Gelegenheit hat, Weintraubenblätter zu bekommen kann statt deſſen Kohlblätter nutzen. Wann dieſelben verwellt und die groben Stengel abgeſchnitten ſind; jedoch wenn Kohlblätter gebraucht werden, ſo iſt der Citronſaft nicht nöthig überzudrücken, noch ſonſt etwas ſaures dazu zu gebrauchen

Abb.: Ausschnitt; Kochboch Cajsa Warg[44]

Die Urform der Kohlroulade

D ie Urform der Kohlrou-
lade finden wir auch in
dem Kochbuch von
Cajsa Warg. Obwohl nicht ganz
vegetarisch enthielt das Rezept
kein Gramm Fleisch. Reichlich
gehacktes Nierentalg, gemischt
mit dem gehackten Inneren des
Kohlkopfs, in Sahne eingeweichtes Brot und Eier waren
die Zutaten.

Fettreiche und nahrhafte Nah-
rung sind (waren) im kalten
Norden ja sehr geschätzt.

Abb. rechts: Kohlroulade nach Cajsa
Warg [45]

Roullade von Kohl.

Nachdem die grünen Blätter von ein oder zwey Kohlköpfen abgenommen werden, so koche sie zugedeckt mit ganz wenig Wasser und etwas Butter; sobald er weich wird, so nimm die äussersten Blätter ganz, als möglich, ab, das inswendige hacke recht fein, nimm davon dreyviertel Pott, und vermenge es mit ein halb Pfund fein gehacktem Nierentalg, 8 Loth gerieben Brod, so erst in ein halbviertel Pott süsser Milch erweicht wird, 6 Eyern, ein wenig Muscatenblumen, einen halben Löffel voll gerieben Zucker und Salz. Wenn dieses gut zusammen gerührt ist, so schneide das gröbste vom Stengel, so an den ganzen Kohlblättern sitzet, lege in ein jedes Blatt 2 Löffelvoll von der obenstehenden Vermengung, rolle sie zusammen, und binde jede Rolle mit groben Zwirn, damit die Füllung gut eingeschlossen bleibt. Währender Zeit giesse die Kohl-Brühe, mit gleichviel Fleisch-Brühe oder Wasser vermischt, in eine Castrull, so, daß es beynahe über die Rollen steht, salze es ein wenig, und wenn es kocht, so lege selbige hinein, laß sie mit einem zugedeckten Deckel eben kochen, bis der Kohl mürbe und alles durchgekocht ist; nachgehends, wenn dieses soll angerichtet werden, lege die Rollen in den Durchschlag, damit die Brühe gut abläuft, siehe aber zu, daß sie währender Zeit nicht kalt werden, da die unten beschriebene Sance gemacht wird. Lege in einer Saucen-Pfanne etwas Butter, und schmore sie mit 2 kleine Hände voll Weizenmehl, giesse nachher eine gute Kelle voll von der Brühe, worin die Rollen gekocht sind, dazu, und ein klein Stück Zucker, rühre es gut um, und laß es kochen; hernach rühre es mit 4 Gelbe von Eyern und ein halb viertel Pott süsser Sahne ab: die Rollen lege auf die Anrichtungs-Schüssel, nachdem der Zwirn abgenommen ist, und fülle die Sauce über, die vorher nach Belieben gesalzen ist.

Roullade von Kohl n. Casja Warg
(im Klartext)

«Nachdem die grünen Blätter von ein oder zwey Kohlköpfen abgenommen werden, so koche sie zugedeckt mit ganz wenig Wasser und etwas Butter; sobald er weich wird, so nimm die äussersten Blätter ganz, als möglich, ab, das inwendige hacke recht fein, nimm davon dreiviertel Pott, und vermenge es mit ein halb Pfund fein gehacktem Nierentalg, 8 Loth gerieben Brod, so erst in ein halbviertel Pott süsser Milch erweicht wird, 6 Eyern, ein wenig Muscatenblumen, einen halben Löffel voll gerieben Zucker und Salz. Wenn dieses gut zusammen gerührt ist, so schneide das gröbste vom Stengel, so an den ganzen Kohlblättern sitzet, lege in ein jedes Blatt 2 Löffelvoll von der obenstehenden Vermengung, rolle sie zusammen, und binde jede Rolle mit groben Zwirn, damit die Füllung gut eingeschlossen bleibt. Währender Zeit giesse die Kohl-Brühe, mit gleichviel Fleisch-Brühe oder Wasser vermischt, in eine Castrull, so, daß es beynahe über die Rollen steht, salze es ein wenig, und wenn es kocht, so lege selbige hinein, laß sie mit einem zugedeckten Deckel eben kochen, bis der Kohl mürbe und alles durchgekocht ist; nachgehends, wenn dieses soll angerichtet werden, lege die Rollen in den Durchschlag, damit die Brühe gut abläuft, siehe aber zu, daß sie währender Zeit nicht kalt werden, da die unten beschriebene Sauce gemacht wird. Lege in einer Saucen-Pfanne etwas Butter, und schmore sie mit 2 kleine Hände voll Weitzenmehl, giesse nachher eine gute Kelle voll von der Brühe, worin die Rollen gekocht sind, dazu, und ein klein Stück Zucker, rühre es gut um, und laß es kochen; hernach rühre es mit 4 Gelbe von Eyern und ein halb viertel Pott süsser Sahne ab: die Rollen lege auf die Anrichtungs-Schüssel, nachdem der Zwirn abgenommen ist, und fülle die Sauce über, die vorher nach Belieben gesalzen ist».[*]

---

[*] Christina Warg: Schwedisches Koch- und Haushaltungs-Buch nebst einem Unterricht auf Seide, Wolle und Leinen zu färben zum Nutzen junger Frauenzimmer entworfen. A. F. Röse, Greifswald 1772, Seite 249. Digitale Volltext-Ausgabe bei Wikisource, URL:
https://de.wikisource.org/w/index.php?title=Seite:Cajsa_Warg_-_Schwedisches_Koch-_und_Haushaltungs-Buch.djvu/258&oldid=2859392 (Version vom 17.7.2016)

Haschee & Ragù

Haschees oder Hachés, von hacher „hacken" entlehnt, sind warme Zubereitungen aus gegartem und gehacktem Geflügel, Fleisch, oder Gemüsen, ähnlich Ragouts, bestehend aber aus besonders fein zerkleinerten Zutaten, durch die Verwendung eines Wiegemessers oder eines Fleischwolfs.

In der deutschen Küche kennt man sie unter anderem als Import aus Italien als «Ragù» oder als Vermächtnis von Clemens Wilmenrod, der seinerzeit das «Arabische Reiterfleisch» gesellschaftsfähig machte.

Ein besonderes Schmankerl ist das österreichische Lungenhaschee oder Beuschel, eine Kombination von Lunge und weiteren Innereien wie Herz, Zunge und Niere von Schaf, Ziege, Rind oder Schwein. Für die Zubereitung werden die Innereien in einem sauren Sud mit Gewürzen gargekocht, durch den Wolf gedreht und mit einer braunen Mehlschwitze gebunden..

Das «Ragù» ist abgeleitet aus dem französischen «ragoût», das man in Norditalien zunächst für ein Schmorgericht übernahm. Seit dem 19. Jahrhundert ist Ragù als eine Sauce zu Nudeln bekannt. Am bekanntesten ist das «Ragù alla bolognese», das in Deutschland gerne mit Spaghetti kombiniert wird. In Italien werden vorzugsweise Tagliatelle dazu gereicht.

Es existiert auch eine andere Variante zu «Ragù alla bolognese», das Ragù alla napoletana, das ziemlich ähnlich ist. Der Unterschied besteht darin, dass das Fleisch nach dem Kochen aus der Sauce genommen und dann separat als zweiter Gang nach der Pasta serviert wird.

Das Originalrezept für das Ragù alla bolognese kann man übrigens bei der «Accademia Italiana della Cucina», der italienischen Küchenakademie, nachschlagen.[46]

Arabisches Reiterfleisch a la Wilmenrod

Wie bei vielen Gerichten mit Hackfleisch liegt die Herkunft des Rezeptes etwas im Dunkeln. Seine Rezepte hatte Wilmenrod nach eigenen Angaben in einem kleinen roten Buch gesammelt. In Wirklichkeit soll er aber aus den Standardwerken der gehobenen Küche abgeschrieben und den Gerichten einen anderen, phantasievollen Namen, wie «Spaghetti nach Art der Schwarzen Karola», gegeben haben. So ähnlich kann auch das Arabische Reiterfleisch entstanden sein. Zu der Präsentation seiner Kreation wird er wie folgt zitiert:

«Während er sein bis heute legendäres „Arabisches Reiterfleisch" kredenzte (eine Bulette mit Paprikapulver), schwafelte dieser Karl May des Kochschaugewerbes über den Libanon, von wo er sein Rezept angeblich mitgebracht hatte: „Der Libanon ist ein Randländchen Vorderasiens, welches sich an der Mittelmeerküste erstreckt. Obwohl nur 200 Kilometer lang und 20 Kilometer breit, gibt es dort mehr Spitzbuben auf der gesamten Nordhalbkugel zusammen."»[47]

Man nehme:

500 g gemischtes Hackfleisch

2 Zwiebeln, 1 große Gewürzgurke

1 geschälter frischer Apfel

2 EL Tomatenmark

2 TL Meerrettich

1 Becher Joghurt

2 Tomaten

1 TL Paprika (edelsüß)

Salz, Pfeffer

Das Hackfleisch zusammen mit den gehackten Zwiebeln in einer Pfanne oder einem Bratentopf anbraten. Anschließend die gehackte Gurke, Apfel und Tomatenmark zufügen und mit Salz, Pfeffer und Paprikapulver würzen.

Den Joghurt zugeben und alles ca. 15 min. gar schmoren. Falls die Masse zu trocken ist, mit etwas Gemüsebrühe oder Leitungsfond aufgießen.

Vor dem servieren mit Meerrettich vollenden und das Reiterfleisch auf Salatblättern anrichten und mit Tomaten und Silberzwiebeln verzieren.

Spaghetti Bollognese

Das «Geheimnis» der italienischen Küche, um nicht zu sagen
ein Basic, sind neben dem Einsatz
von Knoblauch die Ansätze von
Fisch, Fleisch und Saucen mit fein
geschnittenen bzw. gehackten
Gemüsen und Kräutern , dem
sogenannten «Sofritto».
Ich nehme dafür Brunoise (sehr
kleine Würfel) von Lauch, Sellerie, Staudensellerie, Möhre und
Zwiebel. Wer handwerklich un-
begabt ist kann zur Not auch das
Gemüse im Multi-Zerkleinerer
schreddern.

Ein deutsches Nationalgericht, Spaghetti Bollognese. Wer will kann ja Tagliatelle nehmen, dann wird's italienisch.

Zutaten:
500 g gemischtes Hackfleisch
50 g Karotten, 50 g Sellerie, 50 g Zwiebeln,
½ Lauchstange, 1 Dose geschälte Tomaten,
2 EL Tomatenmark, ½ Tasse trockener Weißwein, Fleisch oder Gemüsefond, Olivenöl oder Butter, Knoblauch, Salz, Pfeffer
Thymian, Oregano

Zubereitung:
Gemüse fein würfeln. 2 Knoblauchzehen fein hacken. 500 g gemischtes Hack in Olivenöl hell anbraten. Das Gemüse und den Knoblauch kurz mitbraten. Mit Salz, Pfeffer würzen. Tomatenmark zugeben und kurz mit anrösten. Die in kleine Stücke geschnittenen, geschälten Tomaten, den Weißwein und etwas Brühe zugeben und alles bei kleiner Hitze ca. 1 Std. schmoren lassen.

Die Bolognese auf die gekochten Spaghetti geben und mit reichlich gerie-benem Parmesan bestreuen.

Tipp für die Spaghetti:
Ich empfehle die feinen Spaghetti (Barilla Spaghettini No. 3). Diese in reichlich, gut gesalzenem Wasser kochen. Meerwasserkonzentration ist übertrieben. Die Faustregel lautet "zehn, hundert, tausend". Das heißt, das richtige Verhältnis, um Pasta perfekt zu kochen ist: 10 g Salz, 100 g Nudeln, 1 Liter Wasser.

Kugelrund

Boule kennen viele von uns durch das von den Franzosen auf öffentlichen Plätzen ausgetragene Freizeit-Kugelspiel. Der richtige Name hierfür ist übrigens Pétanque.

Im engeren Sinn steht die französische Bezeichnung «Boule» für Kugel oder Ball, wobei wir schon bei den hierzulande geläufigen Klopsen und Knödeln angekommen wären. Auch Frikadellen, besonders die kleine Party-Variante und die schwedischen Köttbullar werden häufig in dieser Formgebung hergestellt. Die Franzosen nennen sie «Boulette».

Das Aushängeschild unter den gedrehten Kugeln sind die Königsberger Klopse, auch Saure Klopse, Kapernklopse oder Soßklopse genannt. Sie sind eine ostpreußische Spezialität aus gekochten Fleischklößen in weißer Sauce mit Kapern. In der DDR wurden sie auch Kochklopse genannt

Die Klopse mit der pikanten Sauce waren in einer Region verbreitet, der neben Ostpreußen und Westpreußen, auch Teile Polens und des Baltikums einschloss.

Laut einer Umfrage aus 2009 kennen 93% der Deutschen Königsberger Klopse, gefolgt von Weißwürsten (91%), und Maultaschen (89%)[48]. Die Hackklopse in Kapernsauce sind in Deutschland erst seit ungefähr 200 Jahren unter diesem Namen bekannt, fanden aber schnell viele Anhänger.

Selbst Wolfram Siebeck, der ansonsten keine Gelegenheit ausließ, über die deutsche Küche herzuziehen, antwortete auf die Frage nach den besten traditionellen deutschen Gerichten: «Königsberger Klopse, Rheinischer Sauerbraten, Havel-Zander»[49]. Freilich bevorzugte Hr. Siebeck die «feine» Variante aus Kalbfleisch. Schwein ist ja eher für das gewöhnliche Volk, den sogenannten Mob.

Zitat:

«Also muss mir der Metzger 500 g Kalbfleisch durchdrehen, und zwar Fleisch von der Schulter. Die enthält einige notwendige Fettbestandteile, derentwegen in neuen Rezepten das Schweinefleisch auftaucht.

Ich will aber keine ordinären Buletten essen, sondern kleine, zarte Klößchen. Auf keinen Fall dürfen sie gehackte Zwiebeln enthalten, die ebenfalls von den Schweinefreunden empfohlen wer-

den. Merke: Königsberger Klopse waren nie deftige Fleischkugeln, sondern eine in der deutschen Küche selten feine Variante der weltweit gekochten Fleischklöße»[50].

Auf 500 g Kalbfleisch nahm der Feinschmecker auch direkt 20 Sardellen. Er wird doch wohl gewusst haben, dass sie jede Menge natürliches Glutamat enthalten, welches er so strikt ablehnte.

Natürlich ist die Kalbfleischvariante feiner und zarter, das ist aber bei Kalbfleischbouletten auch so. Dennoch waren und sind die Klopse aus gemischtem Hack durchaus üblich.

Im «Universal-Lexikon der Kochkunst» von 1886 , der Dokumentation der Essgewohnheiten dieser Zeit, ist ein Rezept für «preußische oder Königsberger Kloppse» aufgeführt, in welchem die Klöße aus gehacktem Rind- und Schweinefleisch hergestellt und direkt in einer hellen,

Das Klopslied:
Das Klopslied ist ein Musikstück von Kurt Weill aus dem Jahre 1925, das er für eine Sopran- oder Tenorstimme komponierte.

Ick sitze da un' esse Klops uff eemal klopp's
Ick kieke, staune, wundre mir, uff eemal jeht se uff die Tür.
Nanu, denk ick, ick denk nanu jetz isse uff, erscht war se zu!
Ick jehe raus und blicke und wer steht draußen?
Icke! Icke! Icke!!

mit Wein, Essig, Sardellen, Kapern und feinem Senf abgelöschten Einbrenne gekocht werden.

«Klopps mit Hering oder Sardellen», mit Zitrone und Kapern verfeinert, werden in dem Buch gleichfalls aufgeführt.*

---

* Universal-Lexikon der Kochkunst ,Leipzig, Weber, 1886
Wolfenbütteler Digitale Bibliothek (WDB)
Link: http://diglib.hab.de/drucke/ed000008-1/start.htm

Königsberger Klopse a la Siebeck

Zutaten (4 Personen):
500 g durchgedrehtes Kalbfleisch (Schulter)
2 Semmeln ohne Rinde
2 Eidotter
1 TL abgeriebene Zitronenschale
Muskat, Pfeffer, Salz
20 Sardellenfilets, fein gehackt.

Für die Sauce:
1 l Kalbsfond
250g Sahne
100 g kleine Kapern, Zitronensaft

Die Semmeln werden gewürfelt und in Milch eingeweicht, danach ausgedrückt und durch den Fleischwolf gedreht oder mit einer Gabel zerteilt. Alle
Zutaten vermischen und aus der Fleischmasse kleine Bällchen formen. Ein
Liter klare Kalbsbrühe aufkochen und die Bällchen in die heiße Brühe legen. Die Klopse 8 Minuten ziehen (nicht kochen) lassen, herausnehmen und
warm stellen.
Für die Sauce ein Viertel der heißen Brühe zusammen mit 250 g Sahne in
eine Kasserolle geben und die Flüssigkeit um die Hälfte reduzieren. Sauce
mit Salz, Zitronensaft und den Kapern vollenden und die Klopse hineinle-
gen.*

---

* Rezept veröffentlicht im Sommerseminar 2006 der Zeit, http://www.zeit.de/2006/33/Siebecks-
Sommerseminar-6

Kapernlos

Kapernlos durch die Nacht, bis ein neuer Tag erwacht.....könnte man anstimmen.

Rezepte zu Königsberger Klopsen gibt es zuhauf. Da viele Leute Kapern nicht mögen, habe ich mal eine kapernlose Variante kreiert. Über den Geschmack der Kombination von Hackfleisch, Matjes und Salzgurken war ich selber verblüfft.

Kapernlos, schwindelfrei, großes Kino für uns zwei.....

500 g Hackfleisch, 50 % Rind, 50 % Schwein

1 eingeweichtes Brötchen, gut ausgedrückt

2 Eier, 1 Zwiebel, gewürfelt und angeschwitzt

200g Matjes in feinen Würfeln

2 TL Senf, Pfeffer, Salz, Muskat

Für die Sauce:

1 l Gemüsebrühe, 2 Salzgurken gehackt, 200 ml Sahne

Alles gut durchmischen, bis eine homogene Masse entstanden ist. Mit Pfeffer, Salz und Muskat abschmecken. Aus dem Brät kleine Bällchen formen und in Gemüsebrühe oder einem leicht gesalzenem Sud aus Wasser etwas Essig und Spickzwiebel ca. 15 Minuten garen. Die Bällchen entnehmen, warm stellen und aus einer Mehlschwitze und dem Fond/Sud eine Sauce herstellen. Mit Sahne legieren und die Gurkenwürfel zufügen. Mit Salz, Pfeffer, Zitrone und einem Spritzer Worcestershire-Sauce abschmecken.

Mailänder Bällchen

Der Saucenansatz für dieses Kugeln ist uns schon über den Weg gelaufen, in Form des sogenannten «Sofritto», dem universellen Ansatz für alles, was ein wenig italienisch angehaucht ist.

Für die Sauce:

50 g Karotten, 50 g Sellerie, 2 Zwiebeln,
½ Lauchstange, 1 Dose geschälte Tomaten,
2 EL Tomatenmark, ½ Tasse trockener Weißwein, Fleisch Gemüsefond
oder Gemüse-/Tomatensaft
Olivenöl oder Butter, Knoblauch, Salz, Pfeffer

Zutaten für die Hackmasse:
500 g gemischtes Hackfleisch
1 eingeweichtes Brötchen
1 Sardelle, fein gehackt
1 Ei
1 Zwiebel, gewürfelt, angeschwitzt
Salz, Pfeffer, Thymian, Oregano

Parmesan zum Finalisieren

Zubereitung:

Die Zwiebelwürfel und die Gemüsebrunoise in Öl oder Butter anschwitzen. Tomatenmark zu geben und ebenfalls kurz durchschwitzen. Mit Weißwein ablöschen und die Tomaten zugeben. Gerade so viel mit Brühe oder Saft aufgießen, dass die Sauce noch ein wenig Bindung hat. Würzen nicht vergessen! Die Sauce dickt mit dem Kochvorgang noch weiter nach. Zwischendurch kontrollieren und ggf. etwas Brühe nachgießen.

Unsere Tomatensauce sollte mindestens 1 Stunde. köcheln, bis die Zwiebeln, Tomaten und das Gemüse gut verkocht sind. Man kann mit dem Pürierstab etwas nachhelfen.

Aus den Zutaten der Hackmasse ein Brät herstellen, Klößchen formen und ca. 20 min in der Tomatensauce garen.

Auf Pasta nach Wahl anrichten und mit Parmesan bestreuen.

Boule de feu

Es geht nicht um die merkwürdige Zähmung der Gangsterbraut «Sugarpuss», auch bekannt als Wirbelwind der Liebe (Original: Ball of Fire), sondern um die Abwandlung der Mailänder Bällchen in eine scharfe, pikante Variante, die «Boule de feu». Hierzu wird die fertige Tomatensauce einfach mit einer gehackten Chilischote veredelt. Ich empfehle dafür Piment d'Espelette (Gourmet Chili, Gorria). Diese Schoten haben ein schönes Aroma und sind nicht ganz so scharf, wie viele andere.

Wer die Klopse noch ein wenig grösser dreht und sie mit Kartoffelspalten (Wedges) nach amerikanischer Art serviert, kann sie auch als «Great balls of fire» an den Mann bringen.

By the way: 'Boule de feu' ist auch der Name einer wunderbaren Duftrose, die erst jüngst, in 2014 gezüchtet wurde.
(http://www.helpmefind.com/gardening/l.php?l=2.71059.2)

Minestrone mit Fleischbällchen

Wie viele italienische Gerichte war die Minestrone, die Gemüsesuppe, die sich schon die alten Römer einverleibten, vermutlich kein eigenständiges Gericht sondern setzte sich wechselweise aus dem zusammen, was der Garten und die Speisekammer so her gab und vom Vortag übrig war. Da keine festgeschriebene Rezeptur existiert, variiert Minestrone weit über Italien hinaus, in Abhängigkeit von der Saison und den lokalen und traditionellen Kochgewohnheiten. Minestrone gibt es in einer dicken, dichten Textur mit ziemlich verkochtem Inhalt, bis zu einer klaren Brühe mit «al dente» gekochtem Gemüse. Die Suppe kann auch Fleisch oder wie im nachstehenden Rezept Fleischklößchen (Polpette) enthalten.

Zutaten:

500 g Tomaten (gepellt) in Würfeln

200 g grüne Bohnen, mundgerecht

200 g Wirsing, Weißkohl oder Spitzkohl in Rauten

200 g Kartoffeln in Würfeln und/oder 150 g Reis oder Nudeln

1 große Karotte in feinen Scheiben

2 Lauch-Stangen, Julienne

1 Tasse junge Erbsen

1 Stange Staudensellerie, feine Stücke

2 Zwiebeln, gewürfelt

3 Esslöffel Pflanzenöl

Knoblauch, Petersilie, Basilikum, Rosmarin

Salz, Pfeffer

Zubereitung:

In einem großen Topf das Pflanzenöl erhitzen und die kleingehackten Zwiebeln sowie 1 durchgedrückte Knoblauchzehe hinzugeben und kurz anschwitzen. Das Gemüse kleinschneiden und mit den Kartoffeln zu den Zwiebeln geben. Das Ganze ca. 10 Minuten dämpfen. Mit ca. 2,5 Liter Brühe ablöschen und 20 Minuten kochen lassen. Die abgedrehten kleinen Fleischklöße (Rezept für die Hackmasse siehe unter Frikadelle) sowie die Petersilie und die anderen Gewürze hinzugeben. Jetzt noch einmal 20 Minuten ziehen lassen. Den Reis oder die Nudeln separat kochen und erst kurz vor dem Servieren hinzugeben.

Bild : Giuseppe Arcimboldo, Sommer

Schlesische gefüllte Kluski

Kartoffelklöße sind in Schlesien und Polen sehr beliebt als Beilage und werden in vielen Variationen zu Fleisch gereicht. Die Klöße besitzen im Unterschied zu den bei uns bekannten Knödeln eine Vertiefung auf der Oberfläche, die dazu dient, die Soße auf dem Kloß zu halten, genial!
Von der Machart sind sie sonst identisch. Es gibt sie als Variante von gekochten oder von rohen Kartoffeln oder aus einer Mischung der beiden Sorten.
Wie sollte es anders sein, gibt es sie auch gefüllt, mit Gemüse, Pilzen oder auch Obst und natürlich auch mit Hackfleisch. Im Süden der Bundesrepublik und in Österreich kennt man sie auch als «Hascheeknödel».

Zutaten (8 Kluski)
500 g mehlige Kartoffel, 150 g Mehl, 1 Ei,
300g Bratenreste, 5 Champignons gehackt, ½ Zwiebel in Würfeln, Bratensoße
Salz, Pfeffer, Petersilie

(alternativ zu Bratenresten auch Bratwurstbrät; Schweinemett oder angemachtes Hackfleisch)

Zubereitung:
Für den Kartoffelteig die mehligen Kartoffeln mit Schale kochen, dann schälen und noch heiß durch eine Kartoffelpresse drücken, auskühlen lassen und mit einer Prise Salz, dem Mehl und dem Ei zu einem Teig verarbeiten. Anschließend ca. 8 Knödelrohlinge (Kloßplatten) daraus formen.
Die gebratenen Fleischreste durch einen Fleischwolf drehen, mit den Zwiebeln, den Champignons und der Petersilie kurz andünsten und mit etwas Bratensoße ein wenig einkochen.
Die Teigrohlinge mit etwas Fleischmasse füllen und zu Knödeln formen, anschließend in leicht siedendem Salzwasser ca. 10-15 Minuten ziehen lassen.

Aufläufe

Angeblich sind viele Aufläufe, die wir heute kennen, relativ moderne Kreationen. Frühe Auflauf-Rezepte bestanden aus Reis, der geschlagen, gepresst und mit einer Mischung aus Fleisch, Huhn oder Wild gefüllt wurde. Entstanden sind die Aufläufe, Gratins und Soufflés aus gefüllten Pasteten, die bereits Bestandteil der mittelalterlichen Küche waren.

Im Jahr 1866 soll von dem Franco-Kanadier Elmire Jolicoeur in Berlin (New Hampshire) der erste „moderne" Auflauf der nordamerikanischen Küche zubereitet worden sein . Das steht jedenfalls in vielen Quellen zu der Geschichte der Aufläufe. Was es für eine Kreation war, ist nirgendwo nachzulesen. Gesicherter ist, dass die Moussaka, die doch wohl auch einen Auflauf darstellt, Wurzeln vor dem dreizehnten Jahrhundert hat . Ein anders Beispiel ist der irische «Mutton Pie» aus The Good Housewife's Jewel von Thomas Dawson, aus dem Jahr1595:

«For to Make Mutton Pies, mince your mutton and your white together. When it is minced season it with pepper, cinnamon, ginger, cloves, mace, prunes, currants, dates and raisins, and hard eggs, boiled and chopped very small, and throw them on top» .

Wenn das kein Auflauf ist! Ein weiterer Oldtimer ist die italienische Lasagne, die die alten Römer wohl aus Griechenland importiert haben. Das erste Rezept hierzu taucht bereits im Mittelalter in der «Liber de Coquina» (Buch des Kochens) auf. Bei Koch-Welten.de ist dieses Originalrezept (auf der Basis von Hefeteig) veröffentlicht. Wer Lust hat, kann sich ja an das Originalrezept heranwagen (http://www.koch-welten.de/orgLasagneLiberdeCoquina.htm).

Haschee Parmentier

Ähnlich dem Shepherd's Pie ist dieser Auflauf, entwickelt vom französischen Apotheker Antoine Parmentier

Zutaten für das Haschee:

500 g Rinderhackfleisch
2 Tomaten, geschält
2 Zwiebeln
2 Knoblauchzehen
2 EL Butter
1 EL geriebener Parmesan
1 Eigelb
1 EL grob gehackte glatte Petersilie
100g fein geriebener Emmentaler oder anderer Bergkäse
Butterflocken
Pfeffer, Salz

Zutaten für den Kartoffelbrei:
1 kg Kartoffeln
100 ml Milch
100g Butter

Zubereitung:

Kartoffelbrei

Kartoffeln kochen und stampfen oder durch eine Kartoffelpresse drücken.
Butter und Milch unterrühren und mit Salz und Muskat abschmecken.

Haschee

Die gewürfelten Zwiebeln mit dem durchgedrückten Knoblauch in Butter leicht
anbraten, das Hackfleisch zugeben, würzen und ebenfalls leicht anbraten.
Die gewürfelten Tomaten zufügen und das Haschee etwa 10 Minuten durchkö-
cheln lassen.
Anschließend kurz abkühlen lassen und das Eigelb, die Petersilie mit dem Parmesan unterrühren.

Das Haschee auf dem Boden einer Auflaufform verteilen.
Den Kartoffelbrei darauf verteilen, mit dem Käse bestreuen und mit Butterflo-
cken belegen.
Den Auflauf auf mittlerer Schiene etwa 20 Minuten backen lassen.

Wirsing-Hack-Auflauf

1 kg Weißkohl
3 Zwiebeln
60 g Butter
300 g Gemischtes Hack
1 TL Paprika Pulver scharf
2 TL Tomatenmark
1/8 l Fleischbrühe
75 g Schafskäse
2 Eier, 1/4 l Milch, Butter
Semmelbrösel
Salz, Pfeffer

Zubereitung

Kohl ohne Strunk in Streifen schneiden. Zwiebeln sehr fein würfeln. Butter in einen Topf zerlassen, Zwiebeln leicht bräunen lassen. Hackfleisch anbraten. Zwiebeln, Hack, Kohl, Salz und Paprikapulver bei milder Hitze ca. 30 Minuten dünsten. Eine feuerfeste Form mit Butter ausstreichen, mit Semmelbröseln ausstreuen und die Kohl-Hackfleischmasse einfüllen. Tomatenmark mit der Fleischbrühe verrühren und darüber gießen. Auflauf mit dem Käse bestreuen. Eier mit der Milch verquirlen und darüber gießen. Im Backofen ca. 30 Minuten bei 200 Grad C überbacken.

Aus dem Land der Köttbullar

Biff á la Lindström

Hack vom Wild wird auch bei uns immer beliebter. In Skandinavien zählt es, neben den vergorenen Heringen, schon länger zu den Delikatessen. Egal ob vom Rentier, Elch oder Bär. Sorry Björn!

«Biff à la Lindström», egal welche tierischer Herkunft, ist ein Bratklops oder eine Frikadelle, die in der Zusammenstellung ein wenig an Königsberger Klopse erinnert. Zubereitet wird das «Biff» mit Hackfleisch, Zwiebeln, Kartoffeln, roten Rüben und Kapern. Obwohl der Name Lindstrom Schwedisch klingt, ist es nicht ausgeschlossen, dass das Steak russische Herkunft ist.

In der am weitesten verbreiteten Version über die Herkunft, soll der St. Petersburger Schiffskapitän Henrik Lindström, bei einem Besuch des Hotel Witt im südostschwedischen Kalmar 1862, die Küche angewiesen haben, die Hacksteaks mit Rote Beete Würfeln zuzubereiten. Aus irgendeinem Grund wollte er etwas, das ihn an die russische Küche erinnert. Wahr oder nicht, die Geschichte lebt.

Ein weiterer Lindstrøm, dem die Erfindung der Frikadellen-Variante zuge-schrieben wird ist Adolf Henrik Lindstrøm. Er war der erste Norwegische Polar Koch und unterwegs mit Fridtjof Nansen und Roald Amundsens Schiffs Expeditionen zum Südpol und durch die Nordwestpassage.

Andere schrieben die Ehre der Urheberschaft dem Kellermeister CG Lind-ström zu, der die Steaks im Restaurant "Der Gyldene Frieden" in Stockholm kreiert haben soll.

Ein weiterer bekannter Lindström war der Herausgeber der Zeitung "New Tages Allehanda" in Stockholm, der angeblich diese Hacksteaks, bereits zum Frühstück «inhalierte»[51],[52].

Zutaten:

500 g feines Hackfleisch
2 Eier
1 kleine, fein gehackte Zwiebel
1 Tasse gehackte rote Beete, sauer eingelegt
1 1/2 EL gehackte Kapern
1 EL konz. Kalbs-Fond (ein Spritzer Soja-Sc. oder Maggi tut es auch)
1 eingeweichtes Brötchen
1 TL Senf, Salz und Pfeffer
Butterschmalz und Rapsöl

Das Hackfleisch wird mit den vorbereiteten Zutaten gut gemischt. Aus der Masse werden Frikadellen geformt, die in Butterschmalz oder Öl langsam gebraten wer-den.

Wer es richtig Schwedisch will, kann mit Dill und Preiselbeeren garnieren oder die Masse mit Surströmming verfeinern.
Fein gewürfelter Hering in der Hackmasse ist aber durchaus passend und besser vorstellbar.

Bild links: Köttbullar[53]

Parisersmörgås

Strammer Max mal anders oder «alte Pariser vom Vortag» als Snack am Abend serviert.

In der Tat stellt der Snack eine Abwandlung bzw. Restverwertung des «Biff á la Lindström» dar. In der einfachsten Form wird die schwedische Frikadelle einfach in der Mikrowelle erwärmt, auf eine Scheibe Toast drapiert und das Kunstwerk mit einem Spiegelei gekrönt.

In der frischen Variante verteilt man die Hack-Masse auf geröstetem Toastbrot, welches sodann in einer Pfanne von beiden Seiten (zuerst die Hackfleischseite) gebraten wird. Auch hier wird mit einem Spiegelei vollendet.

Köttbullar

Zubereitet werden sie, wie unsere Frikadellen und Klopse, aus fein zerkleinertem Hackfleisch (in Schweden und Finnland manchmal auch aus Elchfleisch, Ei, Semmelbröseln und Zwiebeln. Die Semmeln werden wie bei uns in Milch oder Sahne eingeweicht und die fein gewürfelten Zwiebeln vor dem Einarbeiten angedünstet. Gewürzt wird nach Geschmack mit Salz, Pfeffer und Piment, Muskatblüte oder etwas Ingwerpulver.

Serviert wird der klassische Bullar mit Preiselbeerkompott, Sahnesauce und Salzkartoffeln, manchmal auch mit einer Gewürzgurke. In einem großen schwedischen Möbelhaus werden übrigens jährlich 150 Millionen der Fleischbällchen verkauft.[54]

Das Norwegische Pendant zu den Köttbullar sind die Medisterkaker (Wurstküchlein). Ein Klassiker zu Weihnachten.

Hamburger

Der triviale Hamburger, nicht der gleichnamige Hanseat, ist eines der größten Mysterien der Küchenhistorie: Niemand weiß, wer den Bremsklotz erfunden hat oder weshalb er diesen Namen trägt.

Erklärungsversuche:

In meiner Kindheit gab's noch kein McDonald's oder andere Pommes-Buden. Hamburger kannten wir auch noch nicht. Nichtwissend präparierten wir uns jedoch hin und wieder Dubbels (Klappstullen) mit einer Frikadelle in der Mitte, als Wegzehrung, wenn wir auf Reisen gingen. Damit man keine Maulsperre bekam, waren die «Frikos» in der Mitte horizontal halbiert. War das eine Neuinterpretation des Sandwiches, das vor nicht allzu langer Zeit 250 jährigen Geburtstag feierte oder gar die Geburt des Hamburgers?

So muss es gewesen sein. Wie bei der Currywurst und auch der Pommes Schranke muss die Wiege des Hamburgers im Pott liegen.

Jedoch gibt es noch andere Zeitgenossen, die die Erfindung des Burgers für sich beanspruchen. Die ersten als Hamburger bezeichneten Hackfleischgebilde sollen auch schon vor 1900 aufgetaucht sein.

Das «Steak Hamburgeoise» ist mir auch schon über den Weg gelaufen, als ich mich mit dem Tatar und den Rezepten von Auguste Escoffier beschäftigt habe. 1903 müssen es die Profiköche also schon gekannt haben.

Auf Seite 426 des Kochkunstführers findet man den folgenden Eintrag:

Beefsteak à la Hambourgeoise

«In rohem Zustande fein hacken und ein halbes rohes Ei, 20 Gr. feingehackte in Butter angegangene Zwiebeln, Salz, Pfeffer und Muskat hinzufügen. Die Form wiederherstellen, leicht in Mehl umwälzen und in geklärter Butter sautieren....»[55]

Diesem Hacksteak fehlt aber leider ein entscheidender Bestandteil des heutigen Burgers, das weiche runde Brötchen, das «bun». Zum Hamburger wurde das Hackbällchen ja erst, als es zwischen zwei Brötchenhälften geklemmt und mit einem Ketchup veredelt wurde. Wann dies zum ersten Mal geschah, bleibt ein wahrscheinlich unergründbares Geheimnis, um das sich gleich mehrere Theorien spinnen.
Eine weit verbreitete Annahme besagt, dass der Ursprung des Hamburgers auf einem mit Fleisch belegten Weizenbrötchen, dem Rundstück basiert, das Einwanderer aus Hamburg in Amerika einführten, wo es alternativ auch mit einer Fleischfrikadelle nach deutschem Rezept zubereitet wurde. Dieser Snack soll dann ursprünglich einfach als „Hamburg" populär geworden sein.
Das Rundstück besteht eigentlich aus einem Weizenbrötchen mit einer Scheibe Braten darin sowie Bratensoße, die darüber gegeben wird. Eine andere Variante dieses „Hamburger" besteht aus einem Weizenbrötchen mit einer Hackfleischfrikadelle aus Beefsteak und Eigelb. Frikadellen mit Brötchen sollen auf den Auswandererschiffen, die von Hamburg nach Amerika ablegten, eine beliebte Speise gewesen sein.

«Jeff Lassen», ein Nachfahre dänischer Einwanderer behauptet mit voller Überzeugung, dass in seinem Haus im Jahr 1900 der erste Hamburger das Licht der Welt erblickte. Ein Gast soll damals in das Lokal gestürmt sein und nach einen schnellen Happen auf die Hand (to go) verlangt haben. In einer Eingebung soll Jeffs Urgroßvater Louis Lassen ein gegrilltes Hacksteak zwischen zwei Toastscheiben gepackt haben.

Ein weiterer potenzieller Erfinder ist ein Mann namens «Fletcher Davis», der ein gebratenes Hacksteak mit Senf, Gurke und Zwiebeln, zwischen zwei Scheiben Brot platziert, erstmals 1904 auf der Weltausstellung in St. Louis anbot.

Auch die US-Gemeinde Hamburg im Bundesstaat New York reklamiert die Urheberschaft für sich. 1885 soll sich folgendes zugetragen haben. Auf dem lokalen Markt waren den Brüdern Frank und Charles Menches aus Ohio angeblich die Würstchen ausgegangen, die sie kurzerhand durch Rindfleisch ersetzten. Sie tauften dieses Sandwich auf den Namen des Ortes, in dem sie die neue Errungenschaft verkauften. Bei Wikipedia gibt es diese Story auch mit Hot Pork (Schweinebraten) statt Würstchen. Man bekommt schon leise Zweifel.

Egal wer nun die zündende Idee hatte oder ob initiiert durch die Erfindung des Meatgrinders, zum Ende des 19. Jahrhunderts, sich Formen vom Hacksteak parallel zu dem Snack entwickelten, der Hamburger schrieb eine Erfolgsgeschichte.

Jedoch gab es bereits zu Beginn des 20. Jahrhunderts einen Faktor, der den Ruf des Hamburgers schmälerte. Es war das allgemeine Misstrauen gegenüber der Fleischindustrie, ausgelöst durch eine Publikation von Upton Sinclair im Jahr 1905, «The Jungle». Dieser Upton Sinclair war ein «Schmutzwühler» des 20. Jahrhunderts, wie Günter Wallraff. Er prangerte in seinem Roman die unhygienischen und gefährlichen Zustände bei der Verarbeitung von Fleisch an. Sein Werk gilt als bluttriefendes Epos aus den Fleischfabriken Chicagos, von dem Bert Brecht sich später zur "Heiligen Johanna der Schlachthöfe" anregen ließ. Seine Reportage hatte große Auswirkungen. Sogar in Europa ging der Absatz amerikanischen Fleisches schlagartig zurück, in Chicago schlossen Konservenfabriken. Nur einige Monate nach der Veröffentlichung der Publikation wurde durch den US-Kongress das erste Gesetz zur hygienischen Fleischverarbeitung verabschiedet, das man heute als "Wholesome Meat Act" kennt. Sinclair soll das wie folgt kommentiert haben:

«Auf die Herzen der Menschen hatte ich es abgesehen, ihre Mägen habe ich getroffen.»

Abb.: Service auf Rollerskates in einem Drive in[56]

Der erste große Player auf dem Hamburger Markt war die Restaurantkette «White Castle». Mit dem weißen, unschuldigen Anstrich im Firmennamen sollten die Kunden Reinheit und Hygiene assoziieren und nach Sinclairs Enthüllungen wieder Vertrauen zu dem Produkt Hamburger gewinnen. White Castle reagiert darauf auch mit penibler Sauberkeit und einer einsehbaren Küche. An Tagen der offenen Tür durften Gäste sogar die Küche betreten.

In und nach dem ersten Weltkrieg wurden Hamburger, die man zwischenzeitlich sogar in «Salisbury Steak» umgetauft hatte, unbeliebt, bis die Restaurantkette White Castle begann kleine mit Patty Formern genormte Hamburger zu vermarkten, die als «Sliders» bekannt wurden. Die Werkzeuge formten gleichzeitig fünf Löcher in jeden Hamburger, was helfen sollte, die Burger gleichmäßig zu garen. Auch musste der Burger nicht mehr gewendet werden[57] White Castle nutzte auch erstmals tiefgefrorene Hamburger, so wie sie heutzutage bei allen großen Burger-Restaurants zum Einsatz kommen.
In meiner Kochlehre hätte ich als Disziplinarmaßnahme hierfür mindestens 100 Mal «*Du sollst kein Hackfleisch einfrieren*» aufschreiben müssen.
Jedoch sind die Anforderungen und die Technik für das Einfrieren der Patties recht hoch. McDonald's beschreibt es in einer Verbraucherinformation wie folgt:
«*Elementare Grundlage für die Herstellung von Hackfleisch sind neben dessen hoher Qualität vor allem Hygiene und Sauberkeit bei der Verarbeitung. Darum wird beim McDonald's Partner Esca das Fleisch bereits beim Wareneingang auf Herkunft und Frische überprüft sowie mikrobiologischen und ersten visuellen Kontrollen durch Metzgermeister unterzogen. Bei Temperaturen um den Gefrierpunkt zu Patties geformt, wird das Hackfleisch mithilfe von Stickstoff in einem Gefriertunnel auf minus 18 "C schockgefroren. Bevor die Patties verpackt und ins direkt angeschlossene HAVI-Tiefkühllager gebracht werden durchlaufen sie abschließend noch einen Metalldetektor. Doch erst wenn das sogenannte „Positive Release"-System alle Labortests als einwandfrei bestätigt, wird die Charge im Lager für die Auslieferung an die McDonald's Restaurants freigegeben*»[58].
Wird bei diesem Produkt die Kühlkette eingehalten und landet es unaufgetaut auf dem Bratrost, kann man es durchaus als mikrobiologisch «sicher» ansehen.

Wer dem «Braten» nicht traut, muss sich seinen Burger selbst bauen, aus Rindfleisch wie es das Gesetz vorschreibt* oder aus Teilen seiner Wahl. Solange man die Fälschung nicht in Verkehr bringt kann man ja selbst bestimmen, was reinkommt. Frei ist man sogar beim Gargrad der frischen Ware. Nur kurz an gegrillt, medium oder «well done», alles kein Problem.

Das Basis Modell besteht aus dem Bun, dem Patty, Senf, einer Scheibe Gewürzgurke oder Pickle Relish und Ketchup.

Darauf kann man aufbauen, wenn es sein muss mehrstöckig, wie das Empire State Building und mit Zwischenlagen aus allen erdenklichen Zutaten.

Die populärste alle Hamburger Variationen ist der Cheeseburger, der Burger mit einer Scheibe Schmelzkäse, der auf dem Fleisch verläuft.

Es gibt viele andere Variationen, z.B. mit Mozzarella, Blauschimmelkäse, Schweizer Käse oder Cheddar

Andere beliebte Hamburger-Variationen sind:

- Für die Ost-Nostalgiker: «Grilletta», eine aus der Küche der Deutschen Demokratischen Republik hervorgegangene Variante des Hamburgers aus Brötchen, Patty aus Schweinefleisch mit Chutney oder Ketchup, Käse oder Gurke
- Cheeseburger, der Burger mit geschmolzenem Schmelzkäse
- Bacon Burger
- Chicken Burger
- Rib Burger
- Bremer (Fischburger)
- Big Mac, die doppelstöckige Variante des Cheeseburgers , mit Salat, Schmelzkäsezubereitung mit Cheddar und Big Mac Sauce

Pulled Pork Burger, Vitello Tonnato Burger, Beef-Burger mit Trüffel-Aioli oder Blauschimmelkäse, die Möglichkeiten das Brötchen zu belegen sind schier unerschöpflich.

---

* Hamburger, Beefburger, Cheeseburger bestehen lt. den Leitsätzen Fleisch ausschließlich aus grob entsehntem Rindfleisch
(http://www.bmelv.de/cae/servlet/contentblob/379764/publicationFile/25951/LeitsaetzeFleisch.pdf)

In vielen Burger Restaurants gibt es mittlerweile sogenannte Burger-Bausätze.

Der Kunde kann sich den Burger seiner Wahl nach unterschiedlichen Kriterien selbst zusammenstellen.

Verschiedene buns, von Sesam bis Roggen. Patties geformt von Beef, Lamm, Geflügel oder spanischem Iberico-Schwein.

Milder junger Gouda, würziger Gruyere oder scharfer Blauschimmelkäse dürfen auf dem Patty des persönlichen Geschmacks verlaufen.

Dazwischen gesellen sich Gemüse und Salat sowie die passenden Dressings, ebenfalls individuell zusammengestellt.

Fast überflüssig zu erwähnen ist, dass man von so einem «Gourmet-Burger» auch richtig satt wird. Meist bringt er 150g Fleischanteil auf die Waage, das sind 100 g mehr, als der Standard Hamburger der großen Player wiegt.

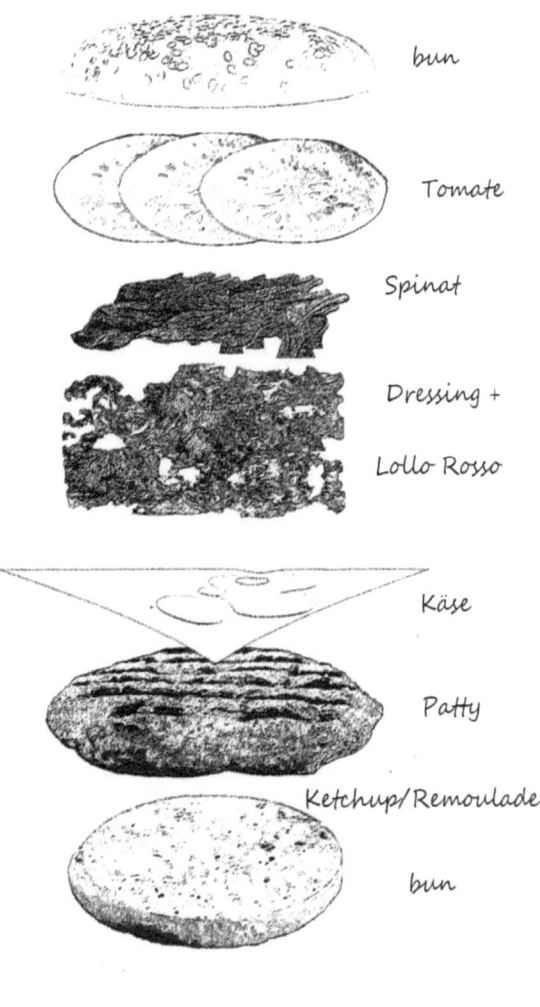

bun
Tomate
Spinat
Dressing +
Lollo Rosso
Käse
Patty
Ketchup/Remoulade
bun

Das britische "About Time Magazine" hat 2015 die besten Burger der Welt gekürt.[59]

Die Nummer 1 kommt aus Melbourne, Australien und hat den wohlklingenden Namen «The Triple Thunderburger». Wie der Name schon sagt, ist das Teil dreistöckig. Der Burger besteht aus grasgefüttertem Black Aberdeen Angus-Beef, knusprigem Bacon und schmelzendem Cheddar-Käse.

Auf Platz zwei folgt «Montmartres Raclette Burger» aus New York. Die Kreation besteht aus der Querrippe vom Rind mit gegrillten Zwiebeln, eingelegten Gurken, Raclette-Käse und Remoulade. Umhüllt werden die Zutaten von einem Kartoffel-Brötchen.

Platz drei der weltbesten Burger geht nach Kanada für den «Raging Bull»-Burger vom Restaurant Holy Chuck in Toronto. Der Burger ist mit zwei Dry-Age-Rinderpatties belegt, gekrönt mit zwei Scheiben Käse, geräuchertem Bacon, mit Ahornsirup bepinselt, frittierten Paprika und einer Sauce aus geräucherten Jalapeños.

Die königlichen Hoflieferanten nehmen solche Trends gerne auf:

Abb.: Werbeplakat für Burger Royal, Foto von von Quinn Dombrowski, (CC BY-SA 2.0)[60]

Den weltbesten Burger können wir aber auch zu Hause gestalten. Im einfachsten Fall werden wir ein Patty aus frischem Hack zubereiten und gucken was der Kühlschrank noch so hergibt, alles auf eine Brötchenhälfte drapieren und mit Ketchup und Remoulade vollenden.

Sollte kein frisches Hackfleisch griffbereit sein, muss man auf gefrorene Patties zurückgreifen. Der umsichtige Burger Liebhaber hat jedoch immer auch eine Reserve im Küchenschrank, den Burger aus der Dose, für die schnelle Küche zwischendurch, fürs Camping oder falls die Ravioli alle sind!
Kaum zu glauben, aber bis Ende der sechziger Jahre produzierte die Fa. Kingan & Company diese Patties in Dosen, in eigenem Saft (siehe Abb.).

Text Bild rechts unten:
HAMBURGER KINGANS
Jetzt können Sie jederzeit von einem Augenblick zum Anderen einen Hamburger haben. KINGANS Hamburger Patties sind zu sechs in eine Dose gepackt. Schmackhaft, zartes, reines Hackfleisch, fachmännisch gewürzt, vorgekocht in eigenem Saft. Fertig zum Erhitzen und Servieren. Sie sind neu, sie sind gut, sie sind schnell zubereitet. Mit ein paar Dosen von KINGANS schmackhaft und zeitsparenden Patties in ihrer Speisekammer Regal, sind sie immer bereit für eine gute Mahlzeit.

Abb.: Patty Werbung Kingan,1948 [61]

Was aufs Maul

und zwar Maultaschen.........

Maultaschen sind ähnliche Gebilde wie viele andere gefüllte Teiglinge aus verschieden Ländern. Bekannte «Teigtaschen» sind z. B. italienische Ravioli, Tortellini, Fagottini, Marubini, Canneloni, Agnolotti, Aschak, Casoncelli, Kärntner-Nudeln, Tiroler Schlutzkrapfen, polnische Piroggen, russische Pelmeni oder chinesische Wan Tan. In Elsass-Lothringen findet man die sogenannten Fleischnakas, bei denen die Füllung zunächst im Nudelteig in einer langen Rolle aufgewickelt wird, ähnlich einem Christstollen. Die Rollen werden dann in ca. 2 cm große Stücke geschnitten, die man dann ähnlich wie Maultaschen zubereiten kann.

Den Ursprung der Maultaschen findet man (angeblich) im Kloster Maulbronn. Um ein wertvolles Stück Fleisch in der Fastenzeit nicht verderben zu lassen (Ausrede), soll der Maulbronner Mönch Jakob es in Teigtaschen versteckt haben. Die Maulbronner Teigtäschli kürzte man später zu „Maultaschen". Sie entwickelten sich zu einem beliebten schwäbischen Gericht.
Auf der Homepage des Klosters Maulbronn liest sich die Story wie folgt:

«Es war gegen Ende der Fastenzeit, als der Laienbruder Jakob auf dem Heimweg vom Reisigsammeln unverhofft in den Besitz eines schönen Stücks Fleisch gelangte: Ein flüchtender Dieb hatte seinen Sack mit Beute fallen lassen, Jakob direkt vor die Füße. Zurück im Kloster entdeckte er den schmackhaften Inhalt. Während der Fastenzeit war es den Mönchen verboten, Fleisch zu essen, doch Jakob brachte es nicht übers Herz, den wertvollen Fund wegzuwerfen. Aber

wie das gute Stück vor dem Verderben bewahren? Nachdem er mehrere Tage gegrübelt hatte, kam ihm beim Zubereiten des Gründonnerstagsmahles die rettende Idee: Er hackte das Fleisch klein und mischte es unter das Gemüse. Weil ihn dennoch das schlechte Gewissen plagte, versteckte er das Ganze in kleinen Taschen aus Nudelteig. So konnte er das Fleisch vor den Augen Gottes und seiner Mitbrüder verbergen – und servierte das herzhafte Mahl als Fastenspeise. Im Volksmund werden die Maultaschen daher auch „Herrgottsb'scheißerle" genannt».[62]

Das Motto für die Füllung der Teigtaschen « Nur nichts verkommen lassen» erinnert natürlich ein wenig an Resteverwertung. Im Prinzip lässt sich auch alles reinpacken, was der Kühlschrank so hergibt, sei es gekochter Schinken, Bratenreste, diverse Gemüse oder geräucherte Schinkenwurst bis hin zu frischem Hackfleisch.

Abb.18: typische schwäbische Maultaschensuppe[63]

Die klassische Maultasche

Zutaten Teig:

400 g Mehl
3 Eier
½ TL Salz
125 ml Wasser, lauwarm
4 EL Öl

Zutaten der Füllung

400 g Spinat
1 Zwiebel
2 Brötchen
200 g gemischtes Hackfleisch
200 g feines Bratwurstbrät
1 EL gehackte Petersilie
2 Eier
1 ½ l Fleischbrühe
Salz, Pfeffer, Schnittlauch

Maultaschen werden auf verschiedene Arten gegart, in siedendem Salzwasser oder in Brühe. Dann werden sie abgeschöpft und abgetropft.

Auf den Tisch kommen die Maultaschen meist wie folgt:

In einer Brühe als Suppeneinlage

„Geschmälzt", d. h. mit in gebräunter Butter angebratenen Zwiebeln übergossen, dazu gibt es oft Kartoffelsalat

„Geröstet", in Streifen geschnitten und anschließend in der Pfanne, manchmal auch mit Zwiebeln und Ei, gebraten

Die Füllung:

Den Spinat putzen, waschen und in kochendem Salzwasser ca. 2 min.
blanchieren, anschließend kalt abspülen, gut abtropfen, leicht ausdrücken
und fein hacken. Die Zwiebel schälen und in Brunoise schneiden.
Die eingeweichten Brötchen gut ausdrücken und zerkleinern.
Hackfleisch, Bratwurstbrät, die zerkleinerten Brötchen, Zwiebelwürfel-
chen, Petersilie, Spinat, Eier, Salz und Pfeffer zu einer homogenen Masse
vermischen.

Die Zubereitung des Teiges:

Für den Teig das Mehl und die Eier mit dem Wasser und dem Öl sowie
Salz zu einem geschmeidigen Teig kneten der abgedeckt mindestens 30
Minuten ruhen sollte.
Gängige Methode ist es, den Nudelteig ca.3 mm dünn und 10 cm breit aus-
zurollen und die Füllung in Portionen darauf zu verteilen. Die freigehaltenen
Ränder werden mit Eigelb bestrichen und der Teig übereinander geklappt.
Dann die Maultaschen abtrennen.
Eine andere Methode ist das Ausstreichen der Füllung auf dem Teig und
anschließendes Zusammenrollen des Teiges. Auch kann man Quadrate
aus dem Teig schneiden, die Füllung in die Mitte geben und nach dem Ein-
pinseln der Ränder mit Eigelb, die Ecken briefumschlagmäßig übereinander
klappen und festdrücken.

In siedender Fleischbrühe werden die Maultaschen ca. 10 bis 15 Minuten
gegart.

Abb: "La pasta Fresca del Ristorante Fini"[53]

Ravioli

D as Erste was einem Menschen gesetzteren Alters dazu einfällt ist eine Konservendose und die gleichnamigen Gebilde in Tomatensauce. Wie im Gehirn festgebrannt sind die Momente, als 4 hungrige Augen auf so eine Konservendose mit Ravioli in Tomatensauce starrten, die im Wasserbad auf dem Campingkocher dem baldigen Ende entgegen vibrierte.

Auch bei den ersten Datings in heimischer Umgebung, das italienische Ambiente aufpoliert mit einer Flasche Lambrusco, waren Dosenravioli durchaus salonfähig. Die kulinarische sowie die biologische Wertigkeit der schnellen Mahlzeit, konnte man zudem mühelos mit einem Spiegelei aufwerten.

„Ravioli in Tomatensauce" waren 1958 das erste Nudel-Fertiggericht in Deutschland. Das Fertiggericht war eine Reaktion auf den zunehmenden Massentourismus in Richtung «Bella Italia».

Das Produkt ist meist fast vegetarisch, jedoch findet man auch Schweinefleisch in Spuren.

Zutatenliste für die Ravioli (28,7%): Hartweizengrieß, Wasser, Paniermehl (Weizenmehl, Hefe Jodsalz), Schweinefleisch, Weizenkleber, Sonnenblumenöl, Speck, Weizenmehl, Weizengrieß, Gewürze, Jodsalz, Hefeextrakt, pflanzliches Öl (gehärtet), Eiklarpulver, Eigelbpulver, Kräuter, Milchzucker, Aroma, Zucker.[65]

Trotz Schimpfkanonaden von Gastrokritikern wie Wolfram Siebeck («*ein echter Demokrat mampft keine Dosenravioli, sondern hat massenkompatiblem Fast-Food so kritisch zu begegnen wie politischer Volksverblödung*».[66]) und Konkurrenz durch Frischpasta-Hersteller, hat sich das Produkt bis heute behauptet.

Im Ursprungsland Italien, gibt es in jeder Region andere Ravioli Rezepte und viele Hausfrauen haben ihr eigenes. Wenn das Sonntagshuhn besonders zäh ausfällt stehen am Montag meist Ravioli auf dem Speiseplan, womit wir wieder bei der Resteverwertung wären.

Ravioli alla Milanese

Wir stürzen uns mal auf einen Nudelteig mit Ei:
400 g gesiebtes Mehl
Mehl zum Ausrollen
4 Eier
1 Prise Salz
1 EL Olivenöl

In einer Schüssel eine Mulde in das Mehl formen. Eier und Olivenöl und eine Prise Salz in die Mulde geben und mit einer Gabel von innen nach außen mit dem Mehl vermengen. Anschließend den Teig mit den Handballen zuerst in der Schüssel dann auf einer bemehlten Tischplatte weiter kneten, bis der Teig elastisch ist und glänzt. Zwischendurch immer wieder etwas Mehl auf die Hände geben. Wenn der Teig zu trocken ist, ein wenig Wasser nachdosieren. Zum Ende darf der Teig nicht an den Händen kleben.
Den fertigen Teig zu einem Ballen formen und in Klarsichtfolie bei Zimmertemperatur mindestens 30 Minuten ruhen lassen.
Nach der Ruhezeit werden der Teig und die Arbeitsfläche gleichmäßig mit Mehl bestäubt und mit dem Nudelholz portionsweise die dünnen Teigplatten ausgerollt, immer von der Mitte zum Rand. Je nach gewünschter Nudel wird unterschiedlich dick ausgerollt. Für Ravioli empfehle ich nicht dicker als 1.5 mm auszurollen.

Füllung:
250 g gegartes Hühnerfleisch
100 g Ochsenmark (ersatzweise etwas Butter)
1 feingehackte gedünstete Zwiebel
2 Eidotter

3 EL Parmesan
2 EL Semmelbrösel
Gehackte Petersilie, Salz, Pfeffer, Muskat, Oregano

Das Hühnerfleisch wird fein gehackt oder durch den Wolf gedreht und mit den anderen Zutaten vermischt und abgeschmeckt. Wenn die Masse zu trocken ist, mit etwas Sahne oder Brühe die Konsistenz einstellen.

Anschließend werden aus dem ausgerollten Nudelteig mit einem Ravioliausstecher (notfalls einem Glas) oder Ravioliformer die Teigscheiben ausgestochen und mit ca. 1 TL der Masse gefüllt. Die Ränder mit etwas Eiweiß oder Wasser befeuchten und anschließend die runden Scheiben zu «Halbkreisen» zusammenfalten. Wer auf Nummer sicher gehen will, sollte die Ränder noch mit einer Gabel nacharbeiten, zusammendrücken.

Ei oder nicht Ei?

Während getrocknete Pasta, «pasta-secca», in Süditalien ausschließlich aus Hartweizenmehl und Wasser hergestellt wird, kennt man in Mittelitalien und weiter nördlich auch getrocknete Nudeln mit Eiern. Frische Pasta wird meist aus Weichweizen mit Volleiern, im Piemont teilweise sogar nur mit Eigelb, hergestellt. Auch werden unterschiedliche Mischungen der verschiedenen Mehle verwendet.

Für den Hausgebrauch empfiehlt sich die Verwendung von Ei und Weichweizen- bzw. dem noch feineren italienische «doppio zero» (00)-Mehl.

Bitterballen und Kroketten

Bei uns ist diese Art der Krokette fast in Vergessenheit geraten. Hergestellt auf Basis einer dicken Bechamelsauce und gehackten Fleischresten aller Art.

«Een bitterbal is een gefrituurd klein rond vleesragoutballetje van zo'n 3 à 5 cm doorsnee. Het is in feite een kleine, ronde versie van de vleeskroket. Het gewicht is ca. 20 gram».[67]

Ein „Bitterbal" ist eine kleine, runde gebratene Hackfleischkugel von etwa 3 bis 5 cm im Durchmesser. Es ist in der Tat eine kleine, runde Version der länglichen Fleischkrokette (kroket). Das Gewicht beträgt etwa 20 Gramm.

Ihren Namen haben die Bällchen von dem Magenbitter, dem «bitterje» geerbt, der ursprünglich zu den Bällchen gereicht wurde.

Heute ist es in den Holländischen Kneipen angesagt eine sogenannte «Bittergarnitur» zu bestellen, die aus einem Pils und einer Portion der runden Kroketten besteht.

In der traditionellen klassischen Küche werden Kroketten bzw. Krusteln auf Basis eines Salpikons, einer Masse aus sehr fein geschnittenem Fleisch, Gemüse oder Fisch- und Krustentierfleisch hergestellt. Die Masse wird mit ebenfalls feingewürfelten Pilzen, Champignons oder manchmal auch Trüffeln vermengt und mit einer dicken Sauce, meist einer Béchamelsauce sowie Eigelb gebunden.

Außerhalb der Niederlande wird mit Krokette fast immer die Kartoffelkrokette (pommes croquettes) gemeint. Die niederländische kroket hat jedoch eine Fleischfüllung. Sie besteht aus einem Ragout mit fein gemahlenem Fleisch und Gewürzen. Wie bei der Frikadelle gehört zwingend Senf dazu.

Croquettes à la Escoffier

Nachfolgend die Beschreibung und 3 Rezepte des Großmeisters A. Escoffier für die Herstellung von Kroketten[68]

«Masse: Den Grundbestandteil der Croquettes-Masse bilden klein geschnittenes, gehacktes oder gewolftes Geflügel, Wild, Fisch oder Schalentierfleisch. Weitere Bestandteile sind Gemüse, Champignons oder Steinpilze, Schinken oder Zunge und Trüffel. Man rechnet auf 500 g Salpikon von Geflügel oder Wild 250 g Champignons oder Steinpilze, 160 bis 170 g Schinken oder Zunge und 100 g. Trüffel. Die Menge der eingekochten Sauce, die mit dem Grundbestandteil harmonieren muss, beträgt 4 Deziliter auf 500 g Salpikon.

Das mit der eingekochten Sauce gut vermischte Salpikon wird auf gebuttertem Blech ausgebreitet, worauf man es erkalten lässt.

Form: Dieselbe kann beliebig gehalten werden. Nichtsdestoweniger geben wir in den nachstehenden Rezepten die gebräuchlichsten Formen an. Die Masse wird in Partien von etwa 70 g geteilt, in die gewünschte Form gebracht und englisch paniert. Die sorgfältige Einhüllung der Masse mit Ei und Panierbrot ist von großer Wichtigkeit, da die Croquettes vollständig eingehüllt sein sollen, um das Austreten der Füllung beim Backen zu verhindern.

Zubereitung: Die Croquettes werden stets in großer Fritüre gebacken, die genügend heiß sein muss, um sofort die Umhüllung zu härten.

Annrichten: Die Croquettes werden mit gebackener Petersilie auf Serviette serviert und eine zu ihrem Hauptbestandteil passende Sauce dazu serviert.»

Croquettes à la Milanaise

Salpikon von blanchierten in kleine Stückchen geschnittenen Makkaroni, streifig geschnittenem Geflügelfleisch, gesalzener Zunge und Trüffel, gebunden mit einer eingekochten mit Tomate versetzten und stark mit geriebenem Käse vermischten Bechamel - Sauce. Auf gebuttertem Blech erkalten lassen, indem man die Masse 2.5 cm dick ausstreicht.

Dann in 5 cm große Karrees zerlegen, englisch (mit Weißbrotkrume) panieren und backen. Eine leichte gebutterte Tomatensauce dazu.

Croquettes Americaine

Gekochten von Haut und Graten befreiten Kabeljau oder Schelltisch fein aus-blättern und mit beinahe derselben Menge Duchesse - Kartoffelmasse sowie ein wenig Bechamel vermengen. Auf einem gut mit Mehl bestäubtem Tisch zu Kugeln rollen, englisch panieren, in geklärter Butter backen und Tomatensauce dazu ser-vieren.

Croquettes de Volaille

Salpikon von Geflügelfleisch, Champignons und Trüffeln, zu den im Grundrezept angegebenen Verhältnissen mit einer mit Champignon - Essenz eingekochten Ve-louté gebunden, der man im letzten Augenblick auf je g Masse 3 Eigelb hinzufügt Rechteckige Form. Sauce Demiglace oder Trüffelsauce.

Holländische Bitterballen

Zutaten: Für ca. 20 Kroketten bzw. ca. 40 Bitterballen

600 g gekochtes Fleisch (Huhn, Rind, Schwein)
Für die Velouté bzw. Bechamel
1 Zwiebel, gehackt
80g Butter, 80g Mehl
1/2 Liter Brühe oder Milch
Liason von 100 ml Sahne und 2 Eigelb
Salz, Pfeffer, Muskat, Thymian, Zitrone nach Geschmack
Panade: Mehl, aufgeschlagenes Ei, Paniermehl

Zubereitung:

Das Fleisch sehr klein schneiden, hacken oder durch den Wolf drehen.
Für die Velouté zunächst die Zwiebeln in der Butter glasig dünsten, mit Mehl be-
stäuben, nochmals kurz durchschwitzen und mit der Brühe bzw. Milch ablöschen.
Nach dem Aufkochen der Sauce, diese mit der Sahne und dem Eigelb legieren
und kräftig abschmecken. Ggf. aufmotzen mit geriebenem Käse.
Das Fleisch in die Sauce geben, alles verrühren und auf einem Blech vollständig
abkühlen lassen.
Nach dem Auskühlen werden mit den Händen zylindrische Rundstäbe (Kroket-
ten) oder Kugeln (Bitterballen) geformt.
Die Kroketten müssen anschließend sehr sorgfältig paniert werden (Mehl -> Ei ->
Paniermehl). Die Panade muss die Krokette komplett umschließen, damit beim Frittieren die Füllung nicht in das Öl laufen kann. Gegebenenfalls lieber zweimal pa-
nieren!
Ausbacken bei 180°C in Pflanzenöl, für ca. 4 min.

Leckerbissen von anno dazumal

Zunächst gibt es zwei Schmankerl von Josephine Saint-Hilaire, aus dem sogenannten Pesther Kochbuch von 1820[69].

Dann folgen Hackfleischrezepte von Johann Rottenhöfer, einem der führenden Köche des 19. Jahrhunderts.

Alles im Originaltext!

P.S. Statt der Frösche im folgenden Rezept lassen sich gut Hähnchen- bzw. Poulardenschenkel einsetzen. Lassen sie sich inspirieren!

Frosch Karbonadeln mit Erdäpfeln

«Man nimmt große Frösche, schneidet die Schenkeln davon ab, löfet die Beine heraus, nimmt zwey Schenkel, hacket sie zusammen, und formt ein kleines Karbonadel daraus; an der rückwärtigen Seite steckt man das davon ausgelöfte Bein wieder hinein, beftreicht das Karbonadel mit zerlaffenen Butter, und wickelt es in feine Semmelbröseln gut ein, bratet es auf einem gelinden Kohlenfeuer, begießt es öfters mit zerlaffenen Butter, daß sie schön Semmelbraun werden. Man nimmt dann gekochte Erdäpfeln, fchält und schneidet sie in der Größe einer Nuß, schön geformt, legt in ein Kastrol oder Rein, einige Stücke Speck, Schinken, einige Scheiben Zwiebel, gelbe Rüben, und auch die Erdäpfel dazu: dieses alles läßt man langsam dünsten, gibt öfters einen Löffelvoll Brühe dazu, damit fiel schön braun und weich werden; find fie es, so nimmt man fie heraus, stäubt etwas Mehl darauf, läßt es anlaufen, füllt eine Koffeeschale Brühe darauf, läßt es gut verfieden, gibt von einer Limonie den Saft dazu, legt die Erdäpfeln in der Form eines Reifes um die Schüffel, feiht die Soß durch ein Haarfieb darauf, legt die Karbonadeln in zwey Reihen in die Mitte der Schüffel; die Soß darf jedoch nicht über die Karbonadeln gehen, darum nimmt man zum Anrichten eine kleine lange Schüffel, und legt die Karbonadeln so, daß man von jedem das Bein ficht, auch muß die Soß so klein seyn, daß fiel weder die Erdäpfeln, noch die Karbonadeln bedeckt».

Haschee Mandeln

«Man legt ein Stück Butter in eine Rein oder Kastrol gibt dann gebratenes kleingehacktes Kalbfleisch nebst ein wenig Pfeffer und Limonenschalen darunter und läßt es darin abdünsten, gibt dann Limonensaft sammt zwey Eyerdotter dazu, rührt es gut durcheinander und läßt es auf einem Teller abkühlen. Hernach macht man einen Butterteig (Blätterteig) walkt ihn aus, sticht mit einem kleinen Krapfenstecher Fleckerln aus, thut dann ein Fleckerl auf das Bret, füllt ein Kaffeelöffel voll Haschee hinein, drückt es etwas zusammen und macht es so fort, bis sie alle gar sind, bestreichet sie mit Eyerklar setzt sie in die Tortenpfanne und bäckt sie kühl aus».

Hackrezepte von Johann Rottenhöfer

Er gehörte zu den führenden Köchen des 19. Jahrhunderts. 1858 veröffentlichte Rottenhöfer sein Kochbuch Anweisung in der feinen Kochkunst, das mit seinen 2345 Rezepten noch Jahrzehnte nach seinem Tod von den Köchen benutzt wurde.

Alle vier nachfolgenden Rezepte stammen aus seinem Buch
«Rottenhöfers Kochkunst »[70]

Gefüllte Schweinsfüße mit Trüffeln

«Es werden die nöthige Zahl Schweinsfüße recht rein über dem Feuer flammirt, damit alle feinen Haare wegkommen, hierauf werden sie rein gewaschen und in einer Kräuter-Marinade sechs bis acht Stunden sehr langsam weich gekocht. Nach diesem werden sie behutsam ausgehoben, wenn sie halb ausgekühlt sind, die Knochen herausgenommen, leicht gesalzen und noch im warmen Zustande mit nachstehender Farce gefüllt. 1 Kilo 120 Gramm frisches Schweinefleisch von den Rippen wird sammt dem Speck in Stücke geschnitten, in eine gut schließende Casserolle gethan, mit zwölf Schalotten, etwas Petersilie, den Abfällen von Champignons und Trüffeln belegt, mit gestoßenem Pfeffer, Muskatnuß und dem nöthigen Salz angenehm gewürzt, 3/10 Liter weißer Wein darüber gegossen und auf Kohlenfeuer sehr langsam eine Stunde gedünstet. Nach dieser Zeit wird das

Fleisch recht fein geschnitten, mit einer in Milch geweichten, ausgedrückten Semmel oder Mundbrode und einem ganzen Ei fein gestoßen, die Farce durch ein Drahtsieb passirt und bei Seite gestellt. Die ausgebeinten Schweinsfüße werden im warmen Zustande auf ein reines Tuch ausgebreitet, leicht gesalzen, mit etwas von der Farce bestrichen, auf diese in jeden Fuß einige Scheiben Trüffeln gelegt, mit der Farce überstrichen, und die Füße dann wieder in ihre natürliche Form gebracht. Nach diesem werden die Füße in gesalzener lauwarmer Butter umgekehrt, mit geriebenem Mundbrode gut übersäet (panirt) und eine halbe Stunde vor dem Anrichten langsam auf dem Roste gebraten und sogleich zu Tisch gegeben; eine recht kräftige Jüs kann extra mit servirt werden».

Schweinsleber-Käse

Ein Kilo 680 Gramm Schweinsleber, 1 Kilo 120 Gramm frischer Speck, 280 Gramm vom Bauchfett wird zusammen mit Petersilie, Schalotten, Salz, geriebener Muskatnuß und gestoßenem, weißen Pfeffer recht fein geschnitten. Sodann wird eine Casserolle mit Schweinfett ausgestrichen, von ganz dünnen Speckbarden eine Garnitur hineingelegt, die Casserolle mit der Schweinsleber angefüllt, oben mit Speckbarden überdeckt und drei Stunden langsam gebacken. Man läßt nun diesen Leberkäs in der Casserolle ganz kalt werden. Beim Stürzen wird die Casserolle erwärmt, der Leberkäse gestürzt, auf einer Schüssel angerichtet, schön glacirt und geschmackvoll mit Aspic garnirt.

Pikante Kuchen:

Gateau von Kalbfleisch im Dunste

«Man bereitet von 560 Gramm magerem, von allen Sehnen und Haut befreiten Kalbfleisch, 560 Gramm übersottenem und mit frischem Wasser wieder abgekühlten Kernnierenfett, einem gleichen Theil in Milch eingeweichtem und wieder fest ausgedrücktem Mundbrode, zwei ganzen Eiern nebst etwas Muskatnuß und dem nöthigen Salz eine zarte, aber doch haltbare Farce. Ferner streicht man mit geklärter, frischer Butter eine Sturz-Casserolle gut aus, die man dann mit weißem Papier am Boden wie an der Seite recht glatt auslegt und nochmals mit Butter bestreicht. Hierauf wird nun die Sturz-Casserolle am Boden wie auch an den Seiten geschmackvoll mit recht rother, weich gekochter Ochsenzunge und recht schwarzen, mit rothem Wein abgekochten Trüffeln, geschmackvoll ausgelegt und dann fingerdick von allen Seiten mit der Farce ausgefüttert, welches mit Vorsicht geschehen muß, daß sich das Eingelegte nicht verschiebt. In den inneren leeren Raum füllt man nun ein in bester Eigenschaft bereitetes, geschmackvolles, mit einigen Eidottern fest legirtes Ragout, welches aus Kalbsbriesen, Champignons, Hahnenkämmen, Geflügellebern bestehen kann, ganz kalt, bis auf einen Finger dick vom Rand, bestreicht außen herum die Farce mit geschlagenem Ei und bedeckt sodann das Gateau wieder mit Farce. Eine Stunde vor dem Anrichten stellt man die Form in eine andere kupferne Casserolle, die mit Wasser bis an die Hälfte der eingesetzten Form angefüllt wird, und läßt den Kuchen langsam im Dunste kochen.
Beim Anrichten wird die Form auf eine flache Schüssel umgestürzt und nach einigen Minuten abgehoben, das Papier rein abgenommen und etwas klare Jüs darunter gegeben».

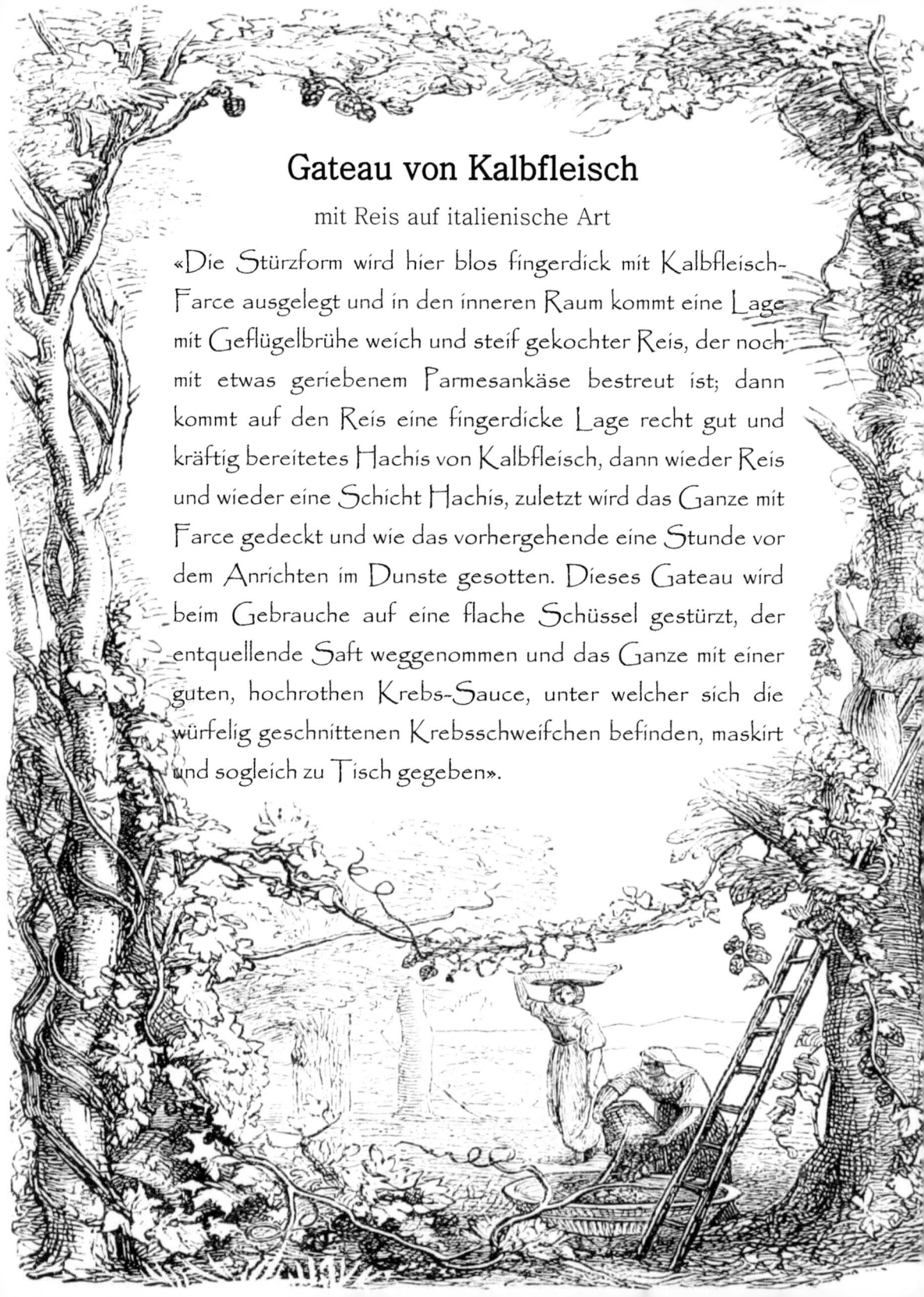

Gateau von Kalbfleisch

mit Reis auf italienische Art

«Die Stürzform wird hier blos fingerdick mit Kalbfleisch-Farce ausgelegt und in den inneren Raum kommt eine Lage mit Geflügelbrühe weich und steif gekochter Reis, der noch mit etwas geriebenem Parmesankäse bestreut ist; dann kommt auf den Reis eine fingerdicke Lage recht gut und kräftig bereitetes Hachis von Kalbfleisch, dann wieder Reis und wieder eine Schicht Hachis, zuletzt wird das Ganze mit Farce gedeckt und wie das vorhergehende eine Stunde vor dem Anrichten im Dunste gesotten. Dieses Gateau wird beim Gebrauche auf eine flache Schüssel gestürzt, der entquellende Saft weggenommen und das Ganze mit einer guten, hochrothen Krebs-Sauce, unter welcher sich die würfelig geschnittenen Krebsschweifchen befinden, maskirt und sogleich zu Tisch gegeben».

Döner

Was so viel heißt, wie rotierend, dreht sich. Döner kapi ist z.B. die Drehtür. Traditionell wird Döner in der Türkei auf dem Teller, meist mit Bulgur, nicht wie bei uns im Fladenbrot an den Mann gebracht. Der Döner wie wir ihn kennen, ist eine Erfindung aus Deutschland, angeblich aus Berlin. Wer ihn ursprünglich erfunden hat, bleibt weiter im Dunkeln. Es gibt mehrere türkische Unternehmer, denen nachgesagt wird, sie hätten die Teigtasche mit Fleischeinlage erfunden.

Kadir Nurman kam als Gastarbeiter nach Deutschland. 1972 begann er am Bahnhof Zoo in Berlin, Fleisch im Fladenbrot zu verkaufen, wie er selbst berichtete. Der Döner Kebab war geboren.

Auch der Berliner Gastronom Mehmet Aygün will der Erste gewesen sein. Er habe schon 1971 Döner unter das Volk gebracht.

Der (Neu-)Schwabe Nevzat Salim will bereits 1969 in Reutlingen den ersten Döner verkauft haben.[71] "

Unseren ersten Döner-Stand hatten wir damals auf dem Marktplatz", erzählt der 59-jährige Salim in der Frankfurter Rundschau. Salim stammt aus Bursa, der Geburtsstätte des originalen, türkischen Döner Kebab, dort besser bekannt als Iskender Kebab. Diese Variante besteht aus am Drehspieß gegrillten und dünn abgeschnittenen Lammfleisch mit Fladenbrot, Joghurt, gegrillten Paprika, Tomaten und zerlassener Butter und wurde nach seinem Erfinder İskender Efendi benannt, der im späten 19. Jahrhundert in Bursa lebte.

Salim, der Neuschwabe hatte in der Türkei in Köfte- und Kebab-Betrieben gearbeitet und war 1968 aus der Türkei nach Deutschland gekommen. Zusammen mit seinem Vater verkaufte er die ersten Döner bei türkischen Familien- und Vereinsfesten, anschließend boten sie das türkische Geschnetzelte auch den Deutschen Gourmands als Snack (to go) an.

Genau genommen ist der Döner auch nichts anderes, als ein Hamburger in anderem Gewand. Statt bun gibt's Pita und das «big Patty» dreht sich am großen Spieß und wird dort portionsweise heruntergekratzt. Die Gemüseeinlagen variieren in beiden Fällen (wer hat sich nur die schreckliche Version mit dem Rotkohl einfallen lassen?) und statt mit Ketchup wird der Döner standardmäßig mit Knoblauchsauce gereicht.

Wer bisher Fleisch im Döner erwartet hat, ahnt jetzt vielleicht, was wirklich auf dem drehenden Spieß steckt. Jede Menge Hackfleisch!

Der Döner Hersteller «Avrupa» beschreibt die Herstellung seiner Hackfleischdöner wie folgt:

«Bei der Fertigung der Hackfleisch-Döner wird das vorbereitete Fleisch mit einem Wolf fein zerkleinert. Später wird das Brät mit der eigens dafür zusammengestellten Gewürzmischung und den anderen Zutaten vermengt. Die so gewonnene Hackfleischmasse wir abwechselnd mit einer Kalbsfleischscheibe auf die Spieße gesteckt. Mitarbeiter schneiden den Dönerspieß anschließend auf die gewünschte Größe zu und wickeln den Spieß in Folie ein»[72].

Daneben gibt es aber auch noch die sogenannten Scheibenfleischdöner (ohne Hackfleischanteil) die Hähnchen und Putenfleischdöner oder Spieße mit 100% Hackfleischanteil nach «Döner-Art» oder «Kebab-Art». Das ist ähnlich wie bei Wiener Schnitzel und dem Schnitzel nach «Wiener-Art». Letzteres darf vom Schwein sein, während das Original aus Kalbfleisch geschnitten sein muß.

Das niedersächsische Landesamt für Verbraucherschutz und Lebensmittelsicherheit (Lawes) gibt hierzu folgende Informationen:

«In Deutschland hergestellte Drehspieße mit der Bezeichnung Döner Kebab dürfen nur aus Rind-/Kalbfleisch und/oder Schaf-/Lammfleisch hergestellt werden. Schweinefleisch darf nicht verwendet werden. Die Verarbeitung von Hähnchen-/Putenfleisch ist erlaubt, wenn darauf hingewiesen wird (z. B. Döner Kebab mit Putenfleisch).

Bei Döner Kebab werden dünne Fleischscheiben auf einen Drehspieß aufgesteckt. Wird bei der Herstellung Hackfleisch mitverarbeitet, darf der Hackfleischanteil höchstens 60 % betragen.
Außer Salz und Gewürzen sowie ggf. Eiern, Zwiebeln, Öl, Milch, Joghurt und evtl. Zusatzstoffen enthält Döner Kebab keine weiteren Zutaten. Der Zusatz von Bindemitteln wie z. B. Paniermehl muss kenntlich gemacht werden.

Hähnchen-Döner Kebab ist üblicherweise aus gewürzten Hähnchenschenkel-Fleischscheiben (mit Haut, ohne Knochen) zusammengesetzt.
Qualitative Unterschiede ergeben sich durch den an den Hähnchenschenkeln vorhandenen Hautanteil. Dadurch ist Hähnchen-Döner Kebab im Allgemeinen nicht als mager oder fettarm einzustufen. Einige Hersteller haben deshalb ihre Fleischauswahl hinsichtlich des Hautanteiles optimiert, in dem sie z. B. nur Hähnchenschenkel ohne Rückenstück verwenden und/oder größere Hautanteile abtrennen.

Bei Hackfleischspießen, Drehspießen aus zerkleinertem Fleisch, Hackfleisch-Drehspießen o. ä. bzw. Drehspießen mit dem Zusatz "nach Döner Kebab Art" oder "gewürzt nach Döner Kebab Art" handelt es sich um Drehspieße, die NICHT mit der Bezeichnung "Döner" oder "Döner Kebab" angeboten werden dürfen.

Sie sind häufig nur aus fein zerkleinertem Fleisch, d. h. aus Hackfleisch bzw. einer Hackfleischzubereitung ohne Anteile an Fleischscheiben hergestellt. Vielfach enthalten sie Bindemittel wie z. B. Paniermehl. Oftmals entspricht die Fleischauswahl auch nicht den qualitativen Anforderungen, die für Döner Kebab festgelegt sind».[*]

---

[*] Döner Kebab oder Hackfleischspieß?,
http://www.laves.niedersachsen.de/startseite/lebensmittel/lebensmittelgruppen/fleisch_fleischerzeugnisse/doener-kebab-oder-hackfleischspie--73724.html

Der Pfannendöner
1 Fladenbrot (vom Türken um die Ecke oder dem Einzelhändler ihres Vertrauens)

2. Dönerfüllung
Putenbrust, Kalbs- oder Hähnchenbrustfilet
(Wer es mit Hackfleisch möchte, dreht sich was durch)

Eisbergsalat, Tomate, Salatgurke
Schafskäse
Salz und Pfeffer, Cayennepfeffer. Currypulver, Paprikapulver

3. Dönersoße

1 Becher (150g) Naturjoghurt
5 gepresste Knoblauchzehen oder mehr (nach Geschmack)
Zitronensaft
Salz, Pfeffer
Joghurt mit den Zutaten mischen.

Das Fleisch in Streifen schneiden und mit Salz, Pfeffer, Cayennepfeffer, Curry und Paprika würzen, 1 EL Öl dazugeben und gut vermischen.
Das Fleisch in einer Pfanne, in etwas Öl anbraten.
Für die Füllung den Salat, die Tomate, die Gurke und Schafskäse in Scheiben schneiden oder würfeln. Das Brot aufschneiden und mit Fleisch, Sauce und Salat abwechselnd füllen.

Alles hat ein Ende

Nur die Wurst hat manchmal keines. Häufig wird der Inhalt der selbigen nämlich einfach herausgedrückt und ohne die Umhüllung in diversen Zubereitungen weiterverarbeitet. So auch bei der berühmten

Salsiccia

«Salsiccia» ist nichts anderes, als die bei uns bekannte grobe Bratwurst. Freilich kommt sie häufig in anderem Gewand daher, unterschiedlich abgeschmeckt.

Für das Brät der Salsiccia werden sowohl magere als auch durchwachsene Fleischpartien und Speck verwendet, wie z.B. Teile der Schulter oder Bauch. Das Fleisch wird zunächst zerkleinert und gewürfelt und mit Salz gewürzt. Die Rezepturen für die unterschiedlichen und Würzungen variieren je nach Region, Typische Aromen und Gewürze sind z. B. Knoblauch, Fenchelsamen, Koriander, Pfeffer, Paprika, Chili oder Muskatnuss. Auch Wein wird gerne in der Wurst verbraten oder bei deren Zubereitung verkonsumiert.

Zutaten:

500 g Schweinehack nicht zu mager, ggf. 100g grünen Speck mit verarbeiten

2 TL Salz

1 TL schwarzen Pfeffer

2 Knoblauchzehen, fein gehackt

2 TL Fenchelsamen

1 TL Chili Pulber

2 TL Piment de Espelette

Zubereitung:

Die Fenchelsamen in einer Pfanne rösten und anschließend in einem Mörser leicht stoßen.

Zu der dem durchgedrehten Hackfleisch Salz, Pfeffer, Knoblauch, Chili und die Fenchelsamen hinzugeben und gut vermischen.

Zum Schluss die Masse in einen Darm füllen oder ersatzweise in Frischhaltefolie einrollen. Wer die Wurst in einem Risotto, in einer Pasta-Füllung oder-Salsa verarbeitet, kann auf den Darm verzichten.

Merguez

Die scharfen Dinger stammen nicht aus Frankreich, sondern aus Nordafrika. Durch den Zuzug von Nordafrikanern, den sogen. «Pieds-noirs» wurde sie in Frankreich populär. Von dort aus verbreiteten sich die Würstchen im restlichen Europa als Bestandteil der nordafrikanischen Küche und sind heute unter Kennern beliebt als Grillwurst.

Zutaten:

400 g Rindfleisch, 500 g Lammschulter, 100 g grüner Speck
1 Zwiebel, 4 Knoblauchzehen
1 TL Zimt, gemahlen
1/2 TL Koriandersaat, frisch gemörsert
1/2 TL Kreuzkümmel, gemahlen
1 TL schwarzer Pfeffer, frisch gemahlen
1 EL Salz
2 EL Harissa
1 EL Essig (5% Säure)
Schafsdarm

Zwiebeln und Knoblauch abziehen und fein würfeln. Zusammen mit den Gewürzen und dem Fleisch mischen.

Im Kühlschrank über Nacht marinieren lassen.

Das marinierte Fleisch zweimal hintereinander durch die mittlere Scheibe des Fleischwolfes drehen.

Den gewässerten Darm auf die Wursttülle des Fleischwolfs ziehen, das Ende zuzwirbeln.

Die Wurstmasse langsam und nicht zu fest in den Darm füllen.

Ca. alle 15 cm abbinden

Thüringer Bratwurst

750 Gramm Schweineschulter
250 Gramm roher Bauchfleisch,
1 Ei, 1 Zwiebel, 1 Knoblauchzehe
Pfeffer (frisch gemahlener)
50 Milliliter Milch (kalte)
4 Stängel Majoran
1 TL Salz
Bratwurstdarm

Fleisch und Speck grob würfeln und durch die grobe Scheibe des Fleischwolfs drehen. Ei und Milch verquirlen und dazu gießen. Zwiebeln und Knoblauch abziehen, fein hacken und zugeben. Mit Salz und Pfeffer und Majoran kräftig würzen und alles gut vermengen.

Den gewässerten Darm auf die Wursttülle des Fleischwolfes ziehen, das Ende zuknoten.

Die Wurstmasse vorsichtig in den Darm füllen und ca. alle 20 cm abbinden.

Schnelle Saucen zum Hack

Tomaten-Sauce: Gewürfelte Schalotten andünsten, mit Weißwein ablöschen und etwas Tomatenmark sowie passierte oder gewürfelte Tomaten aus der Dose zufügen. Salzen, Pfeffern und ca. 15 min. köcheln lassen

Puszta (Zigeuner) Sauce: Zwiebel-Julienne, Paprikastreifen und Champignons in Öl anschwitzen, mit Paprikapulver versetzen und mit einer Dose gewürfelter Tomaten auffüllen. 10 min. köcheln lassen. Mit Chili nach Geschmack vollenden. Für «Boule de feu» darf es richtig scharf sein!

Schnelle Hollandaise, Bearnaise, Choron & Co

2 Eigelb mit etwas Weißwein, 1 EL Creme fraiche oder Frischkäse, Zitrone, Salz und Pfeffer in einem Rührbecher aufmixen und 250 g, auf ca. 90°C temperierte, zerlassene Butter langsam untermixen.
Mit einem Spritzer Estragonessig sowie Kerbel und Estragon mutiert die Hollandaise zur Sauce Bearnaise.
Tomatisiert mit etwas Tomatenmark oder Ketchup wird eine Sc Choron daraus.

Veloutés (Saucen auf Basis einer Mehlschwitze und Fonds vom Rind, Huhn oder Fisch)

Pro l Flüssigkeit (Fond+ Sahne+ Weißwein) nimmt man ca. 40g Butter und 60 g Mehl, stellt daraus eine helle Mehlschwitze her und gießt diese mit der entsprechenden Brühe und Weißwein auf. Nachdem die Sauce 15 min. gekocht hat, wird sie mit einer Liason (Eigelb mit Sahne verquirlt) legiert. Reine Sahne ist auch möglich.

Die Velouté nimmt man als Basis-Sauce für z.B. folgende Ableitungen:

Curry Sauce: Apfel und Zwiebel anschwitzen, Curry zufügen und mit Sahne ablöschen. Konsistenz mit einer Velouté einstellen.

Pilz-Sauce: Zwiebel und Champignons anschwitzen und mit Velouté aufgießen.

Käse-Sauce: In die Velouté geriebenen Parmesan und Gruyère reiben.

Kräuter-Sauce: Kräuter nach Wahl in die Sauce mischen.

Meerrettich-Sauce: Geriebenen Meerrettich in die Velouté mischen, fertig!

Paprika-Rahm-Sauce: Speck und Zwiebel anschwitzen, mit Paprikapulver versetzen und mit der Velouté aufgießen, ggf. zusätzlich Rahm zufügen.

Senf-Sauce: Zur Grundsauce einige Löffel «Moutarde à l'Ancienne», Dijon- oder Löwensenf geben und zusätzlich zerlassene Butter untermontieren.

Sauce Cafe de Paris (Quick-Variante):
Schalotten andünsten, mit einem guten Schuss Cognac ablöschen und mit Velouté auffüllen. Knoblauch, gehackte Kapern und Sardellen (oder Sardellenpaste), etwas Tomatenmark sowie reichlich Kräuter der Provence zufügen und mit Salz, schwarzem Pfeffer aus der Mühle und Zitrone abschmecken. Zusätzlich kann noch eine Extra Portion zerlassene Butter eingearbeitet werden.

Buletten-Freak geworden?
Ich hoffe das vorliegende Werk leistet gute Dienste in der Küche und
findet einen Platz im Bücherregal.

Quellenverzeichnis und Bildnachweis

[1] LiGi, das Buch der Riten, http://www.zeno.org/nid/2000914188X

[2] https://sites.google.com/site/chinasbite/home/lu-cusine

[3] https://en.wikipedia.org/wiki/Meatball

[4] http://www.imperiumromanum.com/kultur/kulinarium/kulinarium_rezepte_index.htm

[5] https://de.wikipedia.org/wiki/Karl_XII._%28Schweden%29

[6] http://best-electric-meat-grinder.bereviews.com/history-of-meat-grinders/

[7] Meyers Großes Konversations-Lexikon, Band 6. Leipzig 1906, S. 686-687. Lizenz: gemeinfrei

[8] http://www.alexanderwerk.com/unternehmen/historie.html

[9] https://commons.wikimedia.org/wiki/File%3AFleischwolf-zerlegt.jpg, By No machine-readable author provided. Rainer Zenz assumed (based on copyright claims). [GFDL (http://www.gnu.org/copyleft/fdl.html), CC-BY-SA-3.0 (http://creativecommons.org/licenses/by-sa/3.0/) or CC BY-SA 2.5-2.0-1.0 (http://creativecommons.org/licenses/by-sa/2.5-2.0-1.0)], via Wikimedia Commons

[10] Wiegemessser mit Hackklotz, https://commons.wikimedia.org/wiki/File:Wiegemesser.jpg, Lizenz: gemeinfrei

[11] http://www.ernaehrungsberatung.rlp.de/Internet/global/themen.nsf/0/1F87664290FC3CA7C125776E003BE162?OpenDocument

[12] Krankmachende Mikroorganismen und Viren, http://www.laves.niedersachsen.de/startseite/lebensmittel/lebensmittelhygiene/krankmachende_mikroorganismen_und_viren/listerien/listerien-108520.html

[13] https://brodo.com/pages/the-broths

[14] Collage Liebig Werbung Seite 24:
Links oben: Liebig Werbung, Illustrirte Zeitung 1898, Nr.2858
Links mitte: Werbung aus Liebig company's practical cookery book 1893, https://archive.org/details/b21538037; Creative Commons, Public Domain Mark

Links unten: Werbung aus Liebig company's practical cookery book 1893, https://archive.org/details/b21538037; Creative Commons, Public Domain Mark

Mitte oben: Werbung aus Mrs. Beeton's household management. 1907, https://archive.org/details/mrsbeetonshouse00beetuoft

Rechts oben: Italienische Werbekarte für Liebig Fleischextrakt, etwa 1900, https://commons.wikimedia.org/wiki/File:Fleischextrakt_0002774_m.jpg, gemeinfrei

Rechts unten: Front Cover aus Liebig Company's Fleisch-Extract in der bürgerlichen Küche, SLUB Dresden, digital.slub-dresden.de/id30409217Z/100 (CC-BY-SA 4.0,

[15] Die Geschichte von Liebigs Fleischextrakt, http://geb.uni-giessen.de/geb/volltexte/2004/1381/pdf/SdF-2003-1_2b.pdf

[16] Liebig Werbung, Illustrirte Zeitung 1898, Quelle: https://archive.org/details/bub_gb_y10zAQAAMAAJ

[17] Brühwürfel, https://de.wikipedia.org/wiki/Br%C3%BChw%C3%BCrfel

[18] Hannah Glasse, The Art of Cookery Made Plain and Easy, 1774 edition, https://archive.org/details/artcookerymadep02glasgoog

[19] aus <<Liebig company's practical cookery book>> 1893, https://archive.org/details/b21538037; Creative Commons, Public Domain Mark

[20] http://www.medizin.de/ratgeber/rinder-und-schweine-bandwurm.html

[21] https://de.wikipedia.org/wiki/Rinderbandwurm

[22] http://www.swr.de/unternehmen/kommunikation/10-hepatitis-e-viren-im-schweinefleisch/-/id=10563098/did=17405152/nid=10563098/1jlmz6h/index.html

[23] http://www.bfr.bund.de/de/presseinformation/2012/11/hackepeter_und_rohes_mett_sind_nichts_fuer_kleine_kinder_-129122.html

[24] http://eur-lex.europa.eu/legal-content/DE/TXT/PDF/?uri=CELEX:32011R1169&rid=1

[25] http://www.stupidedia.org/stupi/Mettigel

[26] Veganer Mettigel, Grüne Jugend Thüringen,

https://www.flickr.com/photos/95170813@N03/8675333634
Lizenz : Creative Commons ShareAlike 2.0 Generic (CC BY-SA 2.0)

[27] Annia Ciezadlo , Day of Honey: A Memoir of Food, Love, and War, S.361

[28] A. Escoffier, Handbuch der Kochkunst, S.426

[29] A. Escoffier, Handbuch der Kochkunst, S.427

[30] Kochwiki, Sc. Tartare, https://www.kochwiki.org/wiki/Sauce_Tartare

[31] Kleine Kölner Köchin; oder, Handbuch der Kochkunst für bürgerliche Haushaltungen, Johann Georg Schmitz, 1846, u.a. verfügbar bei Google-Books

[32] Quelle Pixaby.com, Lizenz: public domain

[33] Harry's Bar by Adam Singer,
https://www.flickr.com/photos/77437968@N00/16716690532/sizes/l
Lizenz: (CC BY-ND 2.0) https://creativecommons.org/licenses/by-nd/2.0/

[34] Bouletten, SZ Magazin, Heft 39/2012, http://sz-magazin.sueddeutsche.de/texte/anzeigen/38535/Bouletten

[35] Nouveau pique-nique, SZ-Magazin, Heft 32/2010, http://sz-magazin.sueddeutsche.de/texte/anzeigen/34521/Nouveau-pique-nique

[36] http://www.daserste.de/unterhaltung/koch-show/tim-maelzer-kocht/rezepte/buletten-102.html

[37] Ein kochender Vulkan, die Welt, https://www.welt.de/print-welt/article216091/Ein-kochender-Vulkan.html
[38] Gib dir die Kugel, Suedkurier, http://www.suedkurier.de/region/kreis-konstanz/radolfzell/Gib-dir-die-Kugel;art372455,3202131

[39] Alfons Schuhbeck in: Lanz kocht, 03.12.2010, http://www.zdf.de/lanz-kocht/chili-fleischpflanzerl-5409230.html

[40] The Wall von André P. Meyer-Vitali,
https://www.flickr.com/photos/andrepmeyer/8676360306/sizes/l
Lizenz: https://creativecommons.org/licenses/by/2.0/

[41] https://www.uni-muenster.de/NiederlandeNet/nl-wissen/kultur/vertiefung/essen/frikandel.html

[42] Frikandel speciaal,
https://commons.wikimedia.org/wiki/File%3AFrikandel_speciaal_met_verse_frieten.jpg, By Takeaway (Own work) [CC BY-SA 3.0 (http://creativecommons.org/licenses/by-sa/3.0)], via Wikimedia Commons

[43] Dr. Christof Spannhoff, Regionalgeschichte des Tecklenburger Landes
https://christofspannhoff.wordpress.com/2014/12/07/der-pottharst-ein-altes-niederdeutsches-gericht/

[44] Christina Warg: Schwedisches Koch- und Haushaltungs-Buch nebst einem Unterricht auf Seide, Wolle und Leinen zu färben zum Nutzen junger Frauenzimmer entworfen. A. F. Röse, Greifswald 1772, Seite 534. Digitale Volltext-Ausgabe bei Wikisource, URL:
https://de.wikisource.org/w/index.php?title=Seite:Cajsa_Warg_-_Schwedisches_Koch-_und_Haushaltungs-Buch.djvu/543&oldid=2851405

[45] Christina Warg: Schwedisches Koch- und Haushaltungs-Buch nebst einem Unterricht auf Seide, Wolle und Leinen zu färben zum Nutzen junger Frauenzimmer entworfen. A. F. Röse, Greifswald 1772, Seite 249. Digitale Volltext-Ausgabe bei Wikisource, URL:
https://de.wikisource.org/w/index.php?title=Seite:Cajsa_Warg_-_Schwedisches_Koch-_und_Haushaltungs-Buch.djvu/258&oldid=2859392 (Version vom 17.7.2016)

[46] Italienische Küchenakademie,
http://www.accademiaitalianacucina.it/en/content/rag%C3%B9-alla-bolognese

[47] Der Fernsehkoch, der das Toast Hawai erfand,
https://www.welt.de/fernsehen/article5277039/Der-Fernsehkoch-der-das-Toast-Hawai-erfand.html

[48] http://www.faz.net/aktuell/reise/nah/regionale-kueche-die-besten-links-und-tipps-1817256.html

[49] Der Sieg über die Gulaschkanone, http://www.focus.de/kultur/leben/modernes-leben-der-sieg-ueber-die-gulaschkanone_aid_219677.html

[50] Fleischeslust, Zeit-online, http://www.zeit.de/2006/33/Siebecks-Sommerseminar-6/seite-2

[51] Våga krydda köttfärsen, http://www.vt.se/meny/?articleid=3101860

[52] https://sv.wikipedia.org/wiki/Biff_%C3%A0_la_Lindstr%C3%B6m

[53] Fotomontage mit Köttbullar von DKdlV38 via Flickr.com,
https://www.flickr.com/photos/dkdlv38/6784720861/sizes/l,
Lizenz: https://creativecommons.org/licenses/by-sa/2.0/

[54] Der Aufstieg des Fleischbällchens, http://www.sueddeutsche.de/wirtschaft/ikea-koettbullar-der-aufstieg-des-fleischbaellchens-1.1799004

[55] A. Escoffier, Handbuch der Kochkunst, S.426

[56] Drive in by MaxDeVa, https://www.flickr.com/photos/madeva71/23698527122/sizes/l,
Lizenz: Creative Commons Attribution-NoDerivs 2.0 Generic License (CC BY-ND 2.0),
https://creativecommons.org/licenses/by-nd/2.0/

[57] Hamburger-Early major vendors, https://en.wikipedia.org/wiki/Hamburger

[58] Wo kommen eigentlich die kleinen Patties her?
http://www.bigmac.de/mai/files/pdf/datenblatt_zutaten_und_lieferanten2.pdf,

[59] http://www.abouttimemagazine.co.uk/travel/national-burger-day-the-worlds-best-burgers/

[60] Royal avec Chili, Quinn Dombrowski, Bild gedreht
https://www.flickr.com/photos/quinnanya/14480376638,
Lizenz: Attribution-ShareAlike 2.0 Generic (CC BY-SA 2.0),
https://creativecommons.org/licenses/by-sa/2.0/

[61] Bildzitat Kingan's Patties, By Wyeth, N. C. (Newell Convers), 1882-1945 [No restrictions], via Wikimedia Commons from Wikimedia Commons,

https://commons.wikimedia.org/wiki/File%3AThe_Ladies'_home_journal_(1948)_(14764776511).jpg

[62] Homepage des Klosters Maulbronn, http://www.kloster-maulbronn.de/wissenswert-amuesant/anekdoten/jakobs-maultaschen/

[63] Maultaschen by Roland Geider [Public domain], via Wikimedia Commons, https://commons.wikimedia.org/wiki/File%3AMaultaschen_suppe.jpg

[64] von "Hotel Real Fini", La pasta Fresca del Ristorante Fini, https://www.flickr.com/photos/hotelrealfini/3485257641/sizes/l, Attribution-NoDerivs 2.0 Generic (CC BY-ND 2.0), https://creativecommons.org/licenses/by-nd/2.0/

[65] Maggi Ravioli in Tomatensauce 800 g, Zutatenliste, http://das-ist-drin.de/Maggi-Ravioli-in-Tomatensauce-800-g--424405/

[66] Wolfram Siebeck in: die Welt, Ein Demokrat mampft keine Dosenravioli https://www.welt.de/lifestyle/article2464611/Ein-Demokrat-mampft-keine-Dosenravioli.html

[67] https://nl.wikipedia.org/wiki/Bitterbal

[68] Auguste Escoffier, Kochkunstführer, 3.Aufl, 1910 Fachzeitschriftenverlag des internationalen Verbandes der Köche, Frankfurt a.M

[69] Saint-Hilaire, Josephine, Die wahre Kochkunst, oder neuestes, geprüftes und vollständiges Pesther Kochbuch . Von einer in der Kochkunst wohlerfahrnen Frau, nach eigenen vielfachen Proben deutlich und genau beschrieben, und zum Besten sorgfältiger Hausfrauen herausgegeben, Bey Joseph Eggenberger, 1820

[70] Rottenhöfer, Johann: Rottenhöfers Kochkunst, neue vollständige theoretisch-praktische Anweisung in der feinern Kochkunst unter Berücksichtigung der herrschaftlichen und bürgerlichen Küche, München, Braun u. Schneider , 1895

[71] Der "Vater des Döners" ist tot, N24- Welt, http://www.n24.de/n24/Nachrichten/Panorama/d/3737972/der--vater-des-doeners--ist-tot.html

[72] Produktionsablauf, http://www.avrupa-kebab.com

Abbildungen, ohne Endnotennummerierung:

Seite 11.: Fleischwolf sw, Seite 19: Fleischwolf farbig, Seite 21: Lochscheibe, Seite 22: Tafel, Seite 23:Bulle, Seite 31: Schnecke, Seite33: Mad eagle, © B. Motzek

Seite 38: Tataren mit Pferdewagen. Postkarte um 1900, Public domain, Zeno.org

Seite 44: Carne Cruda, Seite 46: Fleischwolf-Schnecke, Seite46, Seite 49: Frikadelle, © B. Motzek

Seite 52: Füllhorn, public domain. Wikipedia commons

Seite 52-Seite56: Kräuter, Handbook of Ornament, Meyer, Franz Sales, 1849, public domain

Seite 53- Seite 57: Recette de Boulette Illustration, © B. Motzek

Seite 59: Lochscheibe, Seite 65: Weinkühler, Seite66: Langusten, Seite68. Fische, Seite 69: Kohl, Seite 70: Wirsing, Seite 74: Kohlroulade, © B. Motzek

Seite 66: Fotomontage Feldhase (A. Dürer) + Katze , CC0 Lizenz, via Pexels.com

Seite 77: Arabischer Reiter, Seite 78 Araber, public domain, Flickr. Com,

Strichzeichnung Koch: Pixabay.com, CC0-Lizenz

Seite 79: Spaghetti Bollognese, Seite 85 Mailänder Bällchen, Seite 91 Polnische gefüllte Kluski, © B. Motzek

Seite 82: Bildrahmen, aus "Liebig company's practical cookery book" 19, public domain

Seite 99: Hamburger, von Yanko Peyankov via "Unsplash.com".CC0 Lizenz

Seite 105: Burger-Baukasten, © B. Motzek

Seite 120: Rahmen, Handbook of Ornament, Meyer, Franz Sales, 1849, public domain

Seite 122: Hascheemandeln, © B. Motzek

Seite 126: Rahmen-Italien, aus Charls Dickens's Buch "Pictures From Italy", 1846. Public domain

Seite 127: Döner, Nicolas Vigier via Flickr.com, gemeinfrei

Seite133: Collage, Hackfleisch, CC0 Lizenz,https://www.pexels.com/photo/food-healthy-dinner-lunch-128401/
Seite133: Collage Rohwurst, CC0 Lizenz, https://www.pexels.com/photo/food-red-meat-sausage-84267/
Seite133: Collage Bratwurst, public domain, https://c1.staticflickr.com/1/651/20960455909_59929f5ccb_b.jpg
Seite133: Collage Wurstherstellung von László Szalai,Wikimedia, public domain